Larousse

Repaso en vacaciones

5

Para alumnos que terminaron el quinto grado de primaria

LAROUSSE

El libro **Repaso en vacaciones 5** es una obra creada por la Dirección Editorial de Ediciones Larousse, S.A. de C.V. y en su realización intervinieron:

Dirección editorial

Tomás García Cerezo

Coordinación de contenidos

Blanca Estela Gayosso Sánchez

Coordinación de la serie

Noé Islas López

Coordinación de original y revisión técnica

Yanitza Pérez y Pérez

Redactores

Español: Ma. del Carmen Guadalupe Granados Lozada y Gabriela Pérez Vera; Matemáticas: Gabriela López Ballesteros, Mónica Martínez Godard, Leticia del Carmen Moedano Romero; Ciencias Naturales: Aralia Rivas Rubio; Geografía: Reyna Adela Villegas Reyes; Historia: Elizabeth Carbajal Huerta; Formación Cívica y Ética: Martha Martínez Elhore; Habilidades del pensamiento: Rosa Ma. Viesca Muriel; Proyectos: Julio César López Meléndez.

Diseño y formación de interiores

Andrés Landeros Bojorges / Andrés Landeros Bonilla

Coordinación gráfica

Ángel Rodríguez Brambila

Fotografía

Educational image / © 2011 Shutterstock / © AbleStock y sus cedentes de la licencia. Reservados todos los derechos / © Archivo Gráfico Larousse. Reservados todos los derechos / Archivo Corel / Foto Disk, S.A., Archivo Digital / Latin Stock / José Arturo Fuentes Franco

Ilustración

Matías Oliver, Shutterstock, Barracuda Arte, Sheila Cabeza de Vaca, Mario Ramírez, Rubén Feria, Archivo Larousse, © 2011 Think stock, Gabriela Leal Soto

Diseño de portada

Pixel Digital

Fotografía de portada

Shutterstock.com

ISBN: 978-607-04-0008-7

Repaso en vacaciones 5

© 2012 Ediciones Larousse, S.A. de C.V.
Renacimiento 180, Colonia San Juan Tlihuaca
Delegación Azcapotzalco, C.P. 02400, México, D.F.
escolar@larousse.com.mx

Primera edición, junio de 2012

Esta obra se terminó de imprimir en junio de 2012 en los talleres de Editorial Impresora Apolo, S.A. de C.V., Centeno 150-6, Col. Granjas Esmeralda, C.P. 09810, México, D.F.

Presentación

Repaso en vacaciones tiene el objetivo de brindar un apoyo a los padres de familia comprometidos con la educación de sus hijos. El periodo vacacional es para que los niños tengan un lapso de esparcimiento y descanso entre un ciclo escolar y otro; lamentablemente, durante este largo periodo muchos de ellos pierden el contacto con las actividades académicas y les resulta muy difícil retomarlas al ingresar al nuevo ciclo escolar.

Tomando lo anterior como base, presentamos este material diseñado para que los niños puedan disfrutar sus vacaciones a la vez que refuerzan los conocimientos adquiridos en el ciclo que recién acaban de concluir, sin emplear más de una hora diaria durante cuatro semanas, resolviendo cuatro páginas por día, con excepción del viernes donde se propone una actividad más ligera de sólo dos páginas, estructurado de la siguiente manera:

LUNES: reforzamiento de ESPAÑOL

MARTES: ejercicios del área de MATEMÁTICAS

MIÉRCOLES: temas de CIENCIAS NATURALES y GEOGRAFÍA

JUEVES: repaso de HISTORIA y FORMACIÓN CÍVICA Y ÉTICA

VIERNES: actividades que pueden ser de LECTURA DE COMPRENSIÓN, ACTIVACIÓN DEL PENSAMIENTO o VALORES.

Al final del libro se encuentran cinco páginas dedicadas al repaso de ORTOGRAFÍA que pueden resolverse en cualquier momento.

Un aspecto primordial es que los padres de familia se involucren de manera directa en el repaso. Para facilitarlo, incluimos una sección central desprendible con las respuestas a todas las actividades a realizar, de tal forma que, al final del día o en el momento más oportuno, sea posible verificar y evaluar el avance del niño de manera rápida y práctica. Es muy importante que el adulto encargado de la supervisión de esta tarea desprenda y conserve esa sección antes de iniciar las actividades.

Tenemos la certeza de que esta herramienta será de gran utilidad para que sus hijos inicien el ciclo escolar mejor preparados.

Sugerencias de actividades en vacaciones para mejorar el desempeño académico

1. Para despertar un mayor interés por conocer el mundo que rodea al niño, se recomienda asistir con él a museos, presentarle documentales de temas que le interesen, mostrarle libros enciclopédicos donde haya imágenes que llamen su atención y lo involucren en el tema.

2. Para que desarrolle su potencial, mejore su atención y active su pensamiento estratégico y creatividad, es conveniente practicar juegos de mesa que impliquen retos intelectuales, como memorama, ajedrez o dominó, empleando estrategias para ganar el juego.

3. Pedirle que escriba con más frecuencia, para expresar inquietudes o actividades cotidianas como por ejemplo: recados, cartas o listas de compras, lo cual requiere la revisión de las producciones escritas.

4. Propiciar que practique operaciones matemáticas en situaciones cotidianas, como ir a la tienda y hacer una compra, pedirle que calcule cuánto dinero debe llevar, cuánto recibirá de cambio; o ayudar en la cocina midiendo y pesando los ingredientes o calculando el tiempo de cocción.

Cuéntame qué pasó

1. **Estas tarjetas forman un texto pero están desordenadas. Numéralas en el orden que deben tener. Utiliza los círculos para anotar el número que corresponda.**

A. El poeta Francisco de Paula González Bocanegra no deseaba concursar, arguyendo que no era su estilo, porque una cosa era escribir versos para la mujer que amaba y otra muy distinta escribir un himno a la patria. Pero su novia, la joven Guadalupe González del Pino, a quien llamaban Pili, tenía una fe inmensa en la calidad poética de Francisco.

C. Como él se negaba a presentarse en el certamen, a pesar de la insistencia de Pili y de sus amigos, ella, con un pretexto, lo guió hasta una pieza aislada de su casa en la calle de Santa Clara número 6, (hoy Tacuba); lo encerró, y se negó a abrirle mientras no le pasara por debajo de la puerta la composición que iría al concurso.

B. El 12 de noviembre de 1853, siendo presidente Antonio López de Santa Anna, se publicó una convocatoria firmada por el oficial mayor, Miguel Lerdo de Tejada, para la creación de un Himno Nacional, que ofrecía un premio "*a la mejor composición poética que pueda servir de letra a un canto verdaderamente patriótico*", y señalaba un plazo de veinte días para presentar los trabajos.

D. González Bocanegra tuvo que repasar mentalmente todas las hazañas que había vivido México, las luchas, los logros, los fracasos, y, finalmente, después de cuatro horas de trabajo, los versos detenidamente pensados y sentidos, pasaron por debajo de la puerta cerrada de las manos del poeta a las de su novia, y de ahí a la historia, ya que resultó triunfador.

Dime cuándo y por qué

Cuando un acontecimiento ocasiona que suceda otro, entre ellos se forma una relación de causa (lo que origina un suceso) y consecuencia (el hecho resultante). Para indicar esta relación se utilizan palabras y expresiones como las siguientes: *porque, pues, por tanto, entonces, por eso,* etc.) que también son nexos o conectores

1. **Relaciona las causas con una de sus posibles consecuencias, escribiendo el número que le corresponda**

Causa

1. La pelota se desvió de la portería.

2. Estudiaste con mucho entusiasmo durante el bimestre.

3. Hoy llueve con mucha fuerza.

Consecuencia

( ) Pasarás los exámenes sin ningún problema.

( ) La calle se ilumina con el colorido de los paraguas.

( ) Rompió la ventana de una casa.

2. **Los siguientes enunciados presentan causas y consecuencias. Subraya con verde las partes de cada enunciado que corresponden a las causas y con rojo las que indican consecuencias.**

Liberales y conservadores se disputaban el poder; por tanto, había inestabilidad en el gobierno.

Se temía por la vida de Francisco; por eso, su tío lo escondió en el sótano.

Debido a que estaba prohibido, los periódicos no hablaban del Himno Nacional Mexicano.

Como González Bocanegra no quería participar en el concurso, su novia lo encerró hasta que escribiera los versos.

Había un ambiente muy difícil; por lo que González Bocanegra decidió alejarse de la política.

5

No son cuentos... son leyendas

Las **leyendas** son relatos que combinan elementos imaginarios o fantásticos con algunos elementos reales.

1. **Escribe, dentro del círculo, una F si lo que se menciona es fantasía o una R si puede ser real.**

La Luna se puede observar por la noche. ◯

Dos dioses dieron origen al Sol y la Luna. ◯

Un conejo fue arrojado al fuego para atenuar el brillo de un dios. ◯

El Sol es más brillante que la Luna. ◯

2. **Lee la leyenda y, de acuerdo con su contenido, completa los cuadros de abajo.**

El señor del monte llamó a todas las aves de la creación para vestirlas con plumajes bellos. El primero que llegó fue el pavo real y por eso, recibió un plumaje con casi todos los colores del arco iris. Le siguió el faisán y también fue vestido con colores muy brillantes. Luego, llegaron la guacamaya, el azulejo, el cardenal, el colibrí… Cuando se le habían terminado las plumas al señor del monte, apareció un pajarillo. Por llegar en último lugar, recibió las plumas que estaban tiradas en el suelo, ya sucias. En compensación, el señor del monte le dio un hermoso trino. Desde entonces, lo escuchamos cantar en primavera. Esa ave es "la chica".

Campeche. Adaptado de: González Parada, Ivette (Comp.). Efraín Can Ek. 12 años. Lengua maya. *Las narraciones de niñas y niños indígenas. Textos seleccionados de los concursos.* Tomo I. México, Dirección General de Educación Indígena, 2003, p 104.

Elementos fantásticos	Elementos reales
_____	_____
_____	_____
_____	_____

Ciencia y tecnología para todos

1. Lee el siguiente texto.

Criolipólisis: frío vs. lonjitas

Actualmente, la aplicación de frío controlado ayuda a reducir las acumulaciones de grasa difíciles de eliminar. La solución se llama criolipólisis *y* constituye una alternativa ideal a la peligrosa e intrusiva liposucción.

El doctor Richard Rox Anderson, profesor de Harvard, es el inventor de esta novedosa técnica *por la cual* a través del frío se destruyen los **adipocitos** o células grasas, aplicando en zonas específicas de la piel temperaturas por debajo de cero de forma controlada. La criolipólisis presenta varias ventajas:

1. El tratamiento es indoloro, *pues* la zona tratada está dormida por el frío y el paciente no tiene ninguna molestia.
2. Los tejidos adyacentes a la zona tratada no se dañan.
3. La grasa se expulsa a través de la orina y no mediante incómodas sondas o cirugías, *por esto* el cuerpo se moldea paulatinamente.
4. *Finalmente* la grasa y el peso perdido no se vuelven a recuperar.

Dependiendo de la profundidad del tejido adiposo y los resultados deseados, el Dr. Richard recomienda de 1 a 3 sesiones de criolipólisis

Fragmento adaptado y disponible en http://www.muyinteresante.es/criolipolisis-frio-contra-los-michelines, y consultada el 04 de agosto de 2011.

2. De acuerdo con el texto que leíste, escribe cierto o falso al inicio de cada frase.

_____ Leí un texto expositivo.

_____ Leí un texto literario.

_____ El texto es una crónica.

_____ El texto es un artículo de divulgación científica.

3. Completa el texto con las palabras del recuadro, pero ¡cuidado! hay algunas palabras que no debes usar porque ya están en el texto.

científica	revistas	publican	investigaciones	ideas	claridad
explican	breve	artículo	divulgación	resultan	investigadores

Un _____ de divulgación científica es un escrito _____ en el que se _____ con _____, conceptos, _____, teorías o resultados de _____ científicas. Se escriben para aquellas personas que no son científicos, pero se interesan por estos temas. Estos artículos se _____ en _____ impresas y electrónicas.

Los juegos, la lotería

A muchas personas les gusta jugar a la lotería. Esta semana los dos primeros lugares se llevaron las siguientes cantidades:

PRIMER LUGAR	SEGUNDO LUGAR
850 103	709 879

1. **Escribe con letra _cursiva_ estas cantidades:**

   Primer lugar: _____
   _____

   Segundo lugar: _____
   _____

2. **Observa las cantidades anteriores y contesta:**

   a) ¿En cuál de las dos cantidades el número ocho tiene mayor valor? _____.

   b) ¿Cuál es el valor que tiene según su posición? _____.

   c) ¿Qué cantidad le quedará al segundo lugar si dona 25 000 pesos a los damnificados del huracán? _____ .

   d) El premio de la semana pasada para el segundo lugar fue de: Seiscientos noventa mil ochocientos nueve pesos. Escribe esa cantidad con números: _____ .

   e) ¿Cuál es la diferencia entre el segundo lugar de esta semana y el de la pasada? _____.

   f) Fíjate en el número de boleto de lotería, el número 7 está en dos posiciones en la cantidad, ¿cuál representa mayor valor? _____ .

   g) ¿Cuál es su valor? _____ .

3. Encierra dos maneras diferentes en que el cajero puede entregar el dinero de este premio: "Tres mil novecientos veinticinco pesos". Usa diferentes colores.

4. Analiza y subraya la respuesta correcta:

a) Al imprimir los billetes de lotería se hizo una revisión de la calidad de impresión cada cierta cantidad de boletos. Se revisaron los números: 600 100 - 601 000 - _____ - 602 800 - 603 700 ¿Qué número falta en esta lista de revisiones?

601 700   603 100   609 000   601 900

b) Esta tabla muestra algunos números de lotería que salieron premiados.

40 041	400 040	404 041	401 044

¿Cuál de las siguientes opciones muestra el orden de mayor a menor de estos billetes?

1ª 400 040 – 401 041 – 401 044 – 404 041   2° 404 041 – 401 044 – 400 040 – 401 041

3° 404 041 – 401 044 – 401 041 – 400 040   4° 401 041 – 404 041 – 400 040 – 400 044

c) Señala ¿En cuál de los siguientes premios el 5 representa 50 000 pesos?

$574 078 $125 987 $124 568 $759 028

9

Un desafío

1. **Realizar operaciones es un gran desafío para nuestra mente; resuelve lo más rápido que puedas usando sólo tu mente.**

     a) $8 \times 100\,000 - 3\,000 =$ _____ .

     b) 500×600 entre $100 =$ _____ .

     c) $8\,000$ entre $2 - 10 =$ _____ .

     d) $12\,000 - 5\,000$ entre $100 =$ _____ .

     e) 180 entre $30 \times 100 - 500 =$ _____ .

     f) $40\,000$ entre $8 =$ _____ .

     g) $1001 - 10 =$ _____ .

     h) $2 \times 2 \times 201 =$ _____ .

     i) $35 \times 4 - 41 =$ _____ .

     j) $1010 - 90 =$ _____ .

$$\frac{40\,000}{8} = ?$$

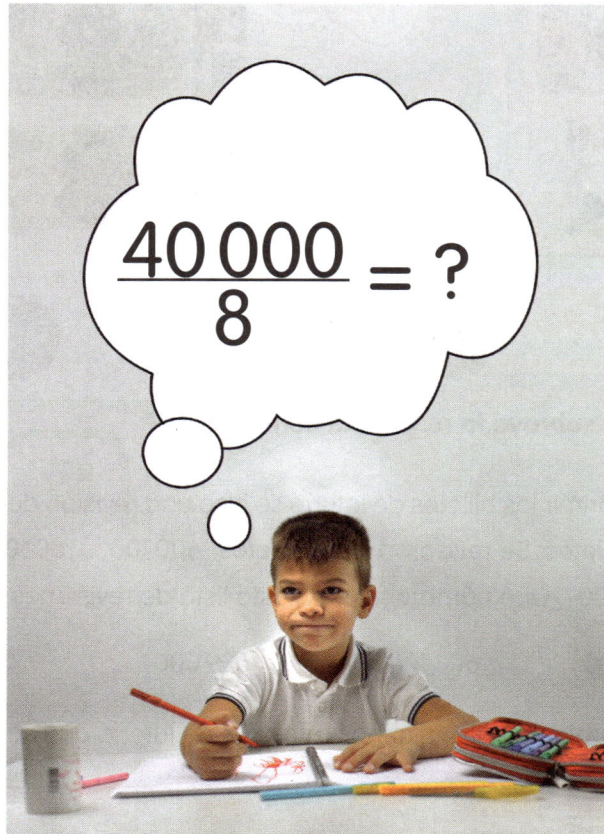

2. **Completa las series con los números que correspondan:**

     a) $1070,\ 1080,$ _____ , _____ , _____ .

     b) $2\,800,\ 2\,900,$ _____ , _____ , _____ .

     c) $740,\ 780,$ _____ , _____ , _____ .

     d) $10\,500,\ 11\,000,$ _____ , _____ , _____ .

     e) $2\,090,\ 2\,095,$ _____ , _____ , _____ .

     f) $201\,000,\ 201\,700,$ _____ , _____ , $203\,800$.

     g) $1090,\ 1094,$ _____ , _____ , _____ .

Adivina, adivinador

1. ¿Te gustan las adivinanzas? Observa las figuras y contesta las adivinanzas sobre ellas. Escribe el nombre y la letra que tiene cada una en el dibujo.

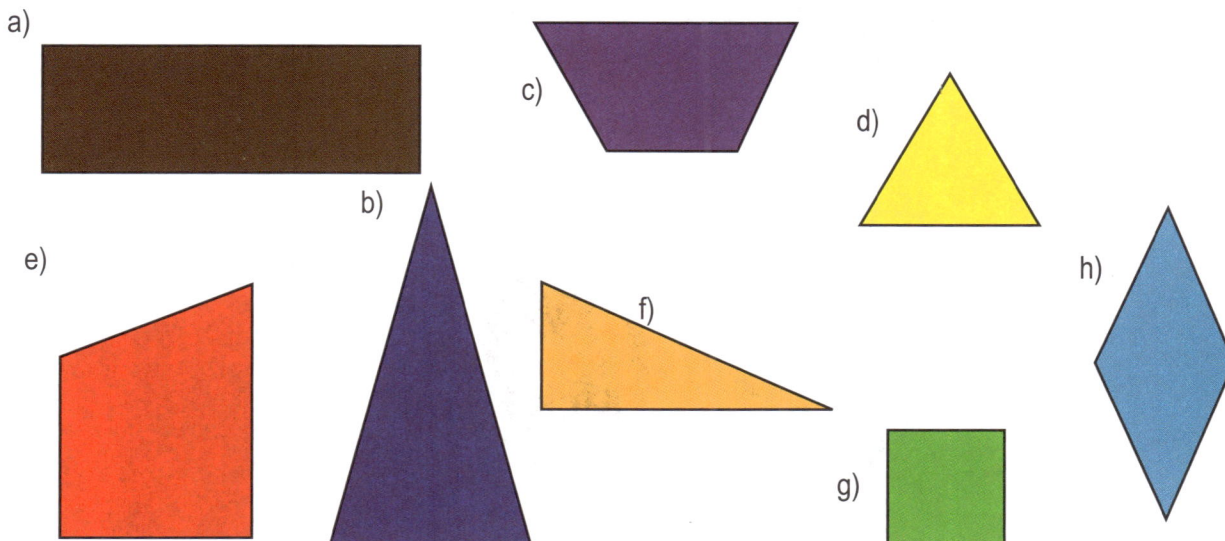

a)

c)

d)

b)

e)

f)

h)

g)

Adivinanza	Nombre	Figura
1. Tiene 4 lados iguales y 4 ángulos rectos.		
2. Tiene 3 lados iguales, sus ángulos miden lo mismo y son agudos.		
3. Tiene 2 lados iguales y uno desigual. Dos ángulos iguales y uno diferente.		
4. Tiene 3 lados y 3 ángulos diferentes.		
5. Tiene 2 pares de lados paralelos y 4 ángulos rectos.		
6. Tiene 4 lados iguales, 2 ángulos agudos y 2 obtusos.		
7. Tiene lados y ángulos de distinta medida. Sus lados no son paralelos.		
8. Tiene un par de lados paralelos de diferente medida y 2 lados no paralelos de la misma medida.		

11

Cambios femeninos

Debes respetar y cuidar tu cuerpo y el de los demás. Es importante reconocer que el cuerpo es también el vehículo que nos permite vivir y expresar nuestra intimidad. Nuestro cuerpo es parte de nuestra persona.

Cuida tu cuerpo, aliméntalo bien, haz ejercicio y practica buenos hábitos de higiene. Desarrolla tus destrezas y habilidades de manera que te sientas mejor con tu persona.

1. **Ordena el proceso menstrual. Utiliza los números del 1 al 5.**

El revestimiento del útero va engrosando, preparándose en caso de que un óvulo sea fecundado por un espermatozoide. ◯

Si el óvulo no es fecundado se desintegra y el revestimiento engrosado del útero se desprende (líquido y sangre) y se elimina del útero por la vagina. ◯

Las hormonas del cuerpo de la mujer comienzan a desarrollar algunos óvulos. ◯

El óvulo baja a través de la trompa de falopio hasta llegar al útero (ovulación). ◯

Uno de los óvulos se libera dentro de una de las trompas. ◯

2. **Escribe tres normas de higiene durante el periodo menstrual.**

_____

_____

_____

Cambios masculinos

Es muy importante respetar y cuidar el cuerpo propio y el de los demás. Debemos reconocer que el cuerpo es también el vehículo que nos permite vivir y expresar nuestra intimidad. Nuestro cuerpo es parte de nuestra persona.
Cuida tu cuerpo, aliméntalo bien, haz ejercicio y practica buenos hábitos de higiene. Desarrolla tus destrezas y habilidades de manera que te sientas mejor con tu persona.

1. **Completa el texto con las palabras que se te proponen.**

ascender próstata pene espermatozoides producen testículos continua
semen producir seminal fecundación uretra almacenan salir

En el hombre la producción de _____ se realiza de forma _____ y no

cíclica como en el caso de la producción de óvulos en la mujer.

Los _____ empiezan a _____ espermatozoides de forma continua; a medida

que se producen se _____ en los testículos. Para _____ del aparato reproductor

masculino y llevar a cabo la fecundación, los espermatozoides deben _____ por los dife-

rentes conductos hasta la _____.

La _____ y las vesículas seminales _____ el líquido _____ que al

mezclarse con los espermatozoides se vuelve _____, éste sale del aparato reproductor mas-

culino a través de la uretra por el extremo del _____.

2. **Escribe tres normas de higiene para el aparato reproductor masculino.**

_____

_____

_____

La Tierra gira alrededor del Sol

La Tierra tarda 365 días y 6 horas en dar una vuelta completa alrededor del Sol en una órbita elíptica. Debido al movimiento de traslación y a la distancia entre el Sol y la Tierra se originan las cuatro estaciones del año: primavera, verano, otoño e invierno, cada una tiene una duración aproximada de tres meses. Como consecuencia de la inclinación del eje terrestre las estaciones son distintas en el hemisferio norte y en el hemisferio sur.

1. **Observa el siguiente esquema, fíjate en la forma elíptica que tiene la órbita que sigue la Tierra alrededor del Sol.**

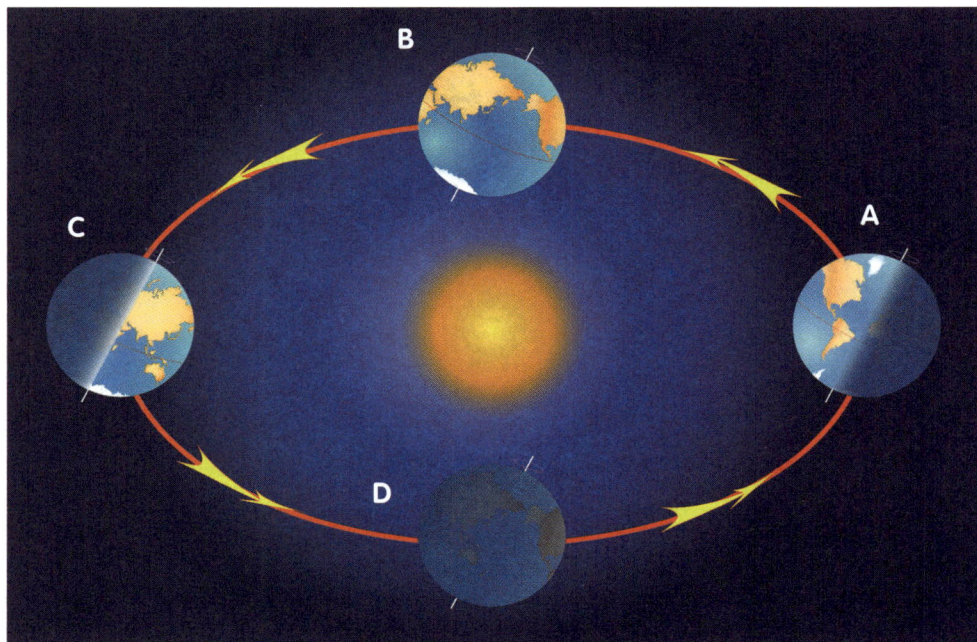

2. **Lee las afirmaciones y anota en cada una la letra de la imagen que describe cada una de ellas.**

_____ Durante el solsticio de diciembre los rayos solares caen con mayor intensidad en el trópico de Capricornio, por tanto en el hemisferio sur inicia el verano.

_____ Los rayos solares llegan perpendicularmente en el hemisferio norte, principalmente en el trópico de Cáncer, por tanto es verano en esta zona.

_____ Durante el equinoccio el Sol está justamente frente al ecuador: mientras que en el hemisferio norte es primavera, en el hemisferio sur es otoño.

_____ El 23 de septiembre y el 21 de diciembre son las dos fechas en que regularmente la noche y el día tienen la misma duración pues el Sol ilumina por igual al hemisferio norte y al sur. Estos momentos se les conoce como equinoccios de primavera y de otoño.

_____ El equinoccio de otoño marca el inicio del otoño en el hemisferio norte y de la primavera en el hemisferio sur.

Acciones inmediatas para sanar a la Tierra

El **efecto invernadero** es un fenómeno natural por el cual la Tierra, al contar con una capa de gases, retiene parte de la energía solar que atraviesa la atmósfera y conserva una temperatura adecuada para la vida. El **calentamiento global** consiste en el incremento de la temperatura atmosférica debido a la actividad humana con lo cual se alteran los ciclos de lluvia, calor y humedad que regulan la vida. Observa el esquema.

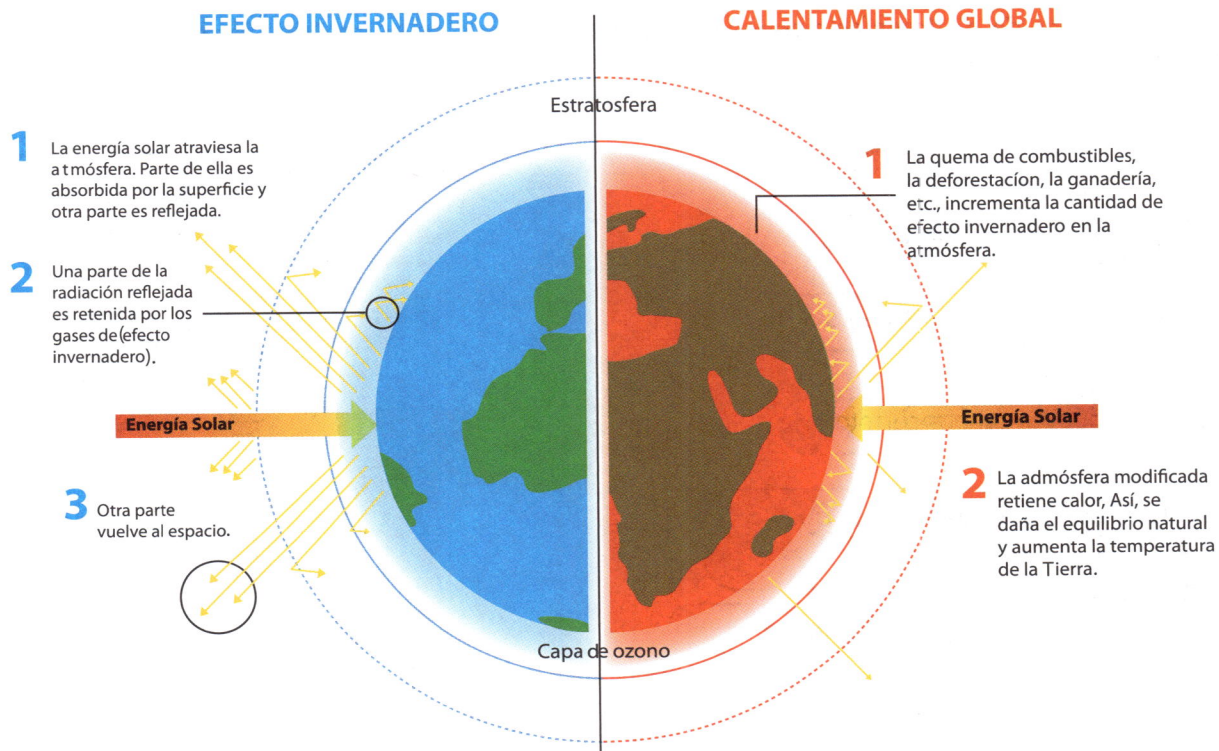

EFECTO INVERNADERO   **CALENTAMIENTO GLOBAL**

Estratosfera

1 La energía solar atraviesa la a t mósfera. Parte de ella es absorbida por la superficie y otra parte es reflejada.

1 La quema de combustibles, la deforestacíon, la ganadería, etc., incrementa la cantidad de efecto invernadero en la atmósfera.

2 Una parte de la radiación reflejada es retenida por los gases de (efecto invernadero).

Energía Solar   **Energía Solar**

3 Otra parte vuelve al espacio.

2 La admósfera modificada retiene calor, Así, se daña el equilibrio natural y aumenta la temperatura de la Tierra.

Capa de ozono

1. **Anota algunas acciones que puedes llevar a cabo para contrarrestar o evitar que continúe en aumento el calentamiento global.**

Actividades humanas causantes del calentamiento global	Alternativas
a) Alto consumo de energía eléctrica.	
b) Acumulación de desechos no degradables en agua y suelo.	
c) Tala de árboles.	
d) Incendios forestales.	
e) Consumo excesivo de gasolina en el transporte de personas.	
f) Emisión de gases y desechos industriales.	

México, recién nacido

Después de 11 años de lucha, la vida independiente de México se encontró con un saldo desfavorable que se vio reflejado en los ámbitos social, económico, político y cultural. Nadie estaba contento y todos opinaban, aunque en direcciones opuestas.

1. **Une con líneas de distintos colores los problemas a los que se enfrentó el México independiente con los ámbitos a los que pertenece cada uno.**

a) Disminución de la población

b) Clases sociales polarizadas

c) Destrucción de poblados enteros

d) Hacienda pública en bancarrota

e) Conflictos acerca de cómo tenía que organizarse el gobierno.

f) Malas vías de comunicación y transporte

g) Guerras armadas internas

h) Bandolerismo

SOCIAL

ECONÓMICO

POLÍTICO

CULTURAL

2. **El escudo de la izquierda representa a la república y el de la derecha a la monarquía. Escribe debajo de cada escudo las características generales de cada forma de gobierno.**

a) El pueblo elige a su presidente.
b) Aunque existan leyes, el monarca dice la última palabra.
c) Un soberano gobierna al país.
d) El poder se divide en tres figuras.
e) Hay un sistema de leyes que todos deben respetar.
f) El poder está concentrado en una sola persona.

_____
_____
_____
_____
_____

_____
_____
_____
_____
_____

Reforma y República Restaurada

Este periodo de la historia de nuestro país se caracteriza por las constantes luchas tanto armadas como políticas entre los grupos de liberales y conservadores. La **Guerra de Reforma** o **Guerra de los Tres Años**, como también se le conoce, comenzó con el Plan de Tacubaya y finalizó con la caída del Segundo Imperio.

Benito Juárez defensor de la soberanía de nuestro país.

1. **Con los siguientes acontecimientos elabora una línea del tiempo poniendo cada número en el espacio correspondiente. Puedes ilustrarla con dibujos o imágenes impresas.**

1. México tuvo dos gobiernos: uno monárquico y otro constitucionalista.	6. 1861 Vencen los liberales y entra Benito Juárez a la Cd. de México
2. 1862 Francia invade México.	7. 1857 Se promulga la Constitución Mexicana de corte liberal.
3. Durante la República Restaurada se le dio impulso a la cultura y la educación.	8. Los conservadores le ofrecen el trono de México a Maximiliano de Habsburgo.
4. 1867 Los liberales retoman el poder y Maximiliano es fusilado.	9. 1867-1876 Se restaura la República Mexicana.
5. 1857 Se da a conocer el plan de Tacubaya (conservador) con ello inicia la Guerra de Reforma o de los Tres Años.	10. 1858 Benito Juárez asume la presidencia de México.

De la Reforma a la República Restaurada siglo XIX			
1850	1860	1870	1880

Aprendo a elegir lo que me gusta

1. Observa con atención la siguiente historieta.

2. Completa el siguiente párrafo con las palabras que están en el recuadro.

película   aburrido   estaban   amigos   pena

visto   hicieron   gustan   peor   burlaran

decidirse   elegir   primos   estaba

Luis tenía ganas de ver la _____ que fueron a ver sus hermanos y su primo, pero le dio _____ que sus amigos se _____ de él porque todavía le _____ las películas infantiles. Los _____ no le _____ caso a Luis porque _____ en su rollo, uno en la compu y el otro escuchando música. Luis por no _____ y _____ lo que realmente quería, se quedó _____ un buen rato y lo _____ de todo fue cuando uno de sus _____ le dijo que había _____ la película y que _____ muy divertida.

3. Responde las siguientes preguntas:

a) ¿Crees que a los primos de Luis les importaba si estaba o no aburrido? _____

b) ¿Crees que al amigo de Luis le preocupó lo que pensarían los demás al saber que iba a ver una película infantil? _____.

c) ¿Te ha pasado algo similar a lo que le pasó a Luis? Sí o No. _____.

Al tomar una decisión, hazlo de acuerdo con lo que realmente quieres y no con lo que creas que quieren los demás.

19

Entrenamiento de la mirada

1. Completa las frases con las palabras del recuadro.

> palabras clave   más facilidad   tema   menos tiempo   lectura rápida   lectura global

La lectura global o de escaneo es una _____, en la que se pone atención para reconocer las _____ que se han definido para investigar un _____.

Con la _____, revisamos más materiales en _____ porque encontramos la información con _____.

2. Practica este tipo de lectura y entrena tu mirada, siguiendo estos pasos:

- Tema a investigar: Aurora boreal.
- Palabras clave del tema:
  Aurora boreal   Sol   Hemisferio norte   Colores   Campo magnético
- Busca y subraya las palabras clave que encuentres en los siguientes textos, pero sin hacer una lectura completa o detallada.

La aurora del hemisferio norte fue nombrada aurora boreal por el científico francés Pierre Gassendi en 1621.

¿Cómo se produce?

Cuando las partículas que vienen del Sol (viento solar) interactúan con los bordes del campo magnético terrestre, algunas quedan atrapadas. Entonces chocan con los gases en la ionosfera y brillan, produciendo la aurora boreal. Los colores (rojo, verde, azul y violeta) que aparecen en el cielo se deben a los diferentes gases de la ionosfera.

Información adaptada de:
http://www.cienciapopular.com/n/Ciencia/La_Aurora_Boreal/La_Aurora_Boreal.php

La aurora polar es un fenómeno en forma de brillo o luminiscencia que aparece en el cielo nocturno, generalmente en zonas polares.

Las auroras tienen formas, estructuras y colores muy diversos que cambian rápidamente con el tiempo.

Este fenómeno no es exclusivo de la Tierra. Otros planetas como Júpiter y Saturno también tienen sus auroras y éstas han sido observadas con el telescopio Hubble.

Información adaptada de:
http://es.wikipedia.org/wiki/Aurora_polar

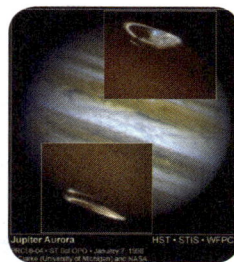

Aurora boreal de Júpiter

- ¿Cuál de los dos textos preferirías para trabajar el tema? Enciérralo en un círculo.

3. Lee el texto que seleccionaste en la página anterior; te servirá para responder estas preguntas. Si no tienes información acerca de alguna, déjala en blanco. La contestarás con la siguiente actividad.

a) ¿En qué lugar de al Tierra se puede ver una aurora boreal?

_____

b) ¿Qué elementos se necesitan para que se produzca la aurora boreal?

_____

_____

c) ¿Cómo se produce una aurora boreal?

_____

_____

d) ¿En qué época del año se puede ver mejor?

_____

e) ¿A qué se debe el color púrpura de la aurora boreal?

_____

_____

4. Revisa estos textos para obtener la información que te falta.

Colores y formas

Los colores de las auroras dependen de la energía que alcanzan las partículas del viento solar. El oxígeno es responsable de los dos colores primarios de las auroras. El nitrógeno produce luz azulada, mientras que las moléculas de helio pueden dar tonos rojo/púrpura en los bordes más bajos de las auroras y en las partes curvadas más externas.

La aurora boreal es visible de octubre a marzo, aunque a veces puede aparecer en otros meses, cuando la temperatura atmosférica es bastante baja. La mejor época para verla es en enero y febrero, ya que es en estos meses cuando las temperaturas son más bajas.

Aurora boreal

Trabajamos con información clasificada

1. **Encierra en un círculo el texto expositivo.**

    Poema   Cuento   Artículo   Canción

2. **Lee este ejemplo de texto expositivo y escribe en los globos el nombre de cada una de sus partes. Apóyate en las expresiones del recuadro.**

> Opinión   Información para clasificar
>
> Título   Conclusión
>
> Párrafo introductorio   Resumen

a)

b)

PLATO DEL BIEN COMER

El plato del bien comer es una guía gráfica de alimentación. A través de él, se ofrece a la población opciones prácticas, con respaldo científico, para la lograr una alimentación correcta.

Como se muestra en la ilustración, en el plato del bien comer los alimentos se organizan en tres grupos, todos importantes y necesarios para dar al cuerpo los nutrientes que requiere para funcionar correctamente.

Grupos de alimentos

1. Verduras y frutas que aportan agua, vitaminas y fibra: apio, ejote, uvas, etcétera.
2. Cereales y tubérculos que aportan energía, fibra, vitaminas y minerales: trigo, arroz, papa, camote, pastas, galletas, tortillas, etc.
3. Leguminosas y alimentos de origen animal: aportan proteínas y grasa: pescado, pollo, res, huevos, leche, frijoles, habas.

c)

A manera de repaso: para tener una alimentación balanceada, hay que combinar en cada comida alimentos de los tres grupos.

d)

En conclusión, el esquema del plato del bien comer es un instrumento que muestra como promover una alimentación saludable, mediante la combinación y variación de los alimentos que integran la dieta.

e)

Adaptación a la información consultada el 01-08-2011, en http://www.facmed.unam.mx/deptos/salud/periodico/30%20plato/index.html y http://www.cucurrucu.com/plato-del-buen-comer/index.html

Varita mágica de palabras

1. **Para hacer que los poemas se vean y se oigan distinto, los poetas emplean recursos como los de los ejemplos siguientes. Relaciona, por medio de líneas, los fragmentos de poemas con el recurso que se está usando en ellos. Fíjate en lo subrayado y en lo que está en color.**

Recursos

1. Repetición: Palabras o expresiones que se repiten en el poema.

2. Comparación: Se comparan dos cosas que comparten características; esto puede hacerse a través de la palabra "como".

3. Metáfora: Las características de una cosa se toman para explicar otra.

4. Aliteración: Sonidos que se repiten en un verso o en varios.

5. Rima: Sonidos que se repiten en las palabras al final de los versos, a partir de la sílaba tónica.

Por ejemplo…

¿Qué te acongoja mientras que sube del horizonte
del mar la nube
negro capuz?

Salvador Díaz Mirón

Azul azucena,
Zig-zag.
Zarzal y azafrán,
zig-zag.
Zozobra y azúcar,
zig-zag.

Antonio Rubio

La calaca no habla inglés
por eso toma la clase,
y así, pase lo que pase,
será bilingüe en un mes.

Anónimo

¡Miradlos qué viejos son!
¡Qué viejos son los lagartos!

Federico García Lorca

Mamá te cantaba
la nana más bella.
Naciste de noche,
como las estrellas.

Anónimo

Capuz: capucha, prenda de vestir para cubrir la cabeza.
Nana: canción de cuna.

I love life!

23

Organizamos un debate

1. **Escribe con tus propias palabras, ¿qué es un debate y para qué se hace?**

   _____

   _____

2. **Subraya el personaje que realiza cada actividad en un debate.**

   Brinda la palabra a los participantes y al final elabora las conclusiones.

   moderador   participantes   secretarios

   Anota las ideas centrales del debate.

   participantes   secretario   moderador

   Cuando tienen la palabra, expresan su punto de vista con argumentos claros.

   secretarios   moderador   participantes

3. **Observa y lee las dos historietas. Circula la que represente un debate.**

4. Ayudado por la historieta, responde usando letra *cursiva*.

a) ¿Cuál es el tema que se debate?

_____

_____

b) ¿Quién es el moderador?

_____

_____

c) ¿Cuáles son las dos posturas del debate?

_____

_____

5. ¿Cómo organizar un debate? Presta mucha atención y escribe *antes*, *durante* o *al final* según corresponda en cada una de las ideas.

_____	Cada equipo nombra a su secretario, para que anote las ideas centrales.
_____	Exponer los puntos de vista de los equipos.
_____	Se decide quién será el moderador del debate.
_____	Elaborar las conclusiones del debate.
_____	Seguir el orden de participación que brinda el moderador.
_____	El moderador anuncia el tema a tratar y lanza la primera pregunta.
_____	Preparar el tema para tener argumentos sólidos que sirvan para defender nuestro punto de vista.

En un debate se presentan los diferentes puntos de vista de las personas.

6. Dibuja una ☺ en las frases que describan un comportamiento apropiado para participar en un debate y dibuja una ☹ en las que no lo sean.

a) Burlarnos de los demás, cuando no compartamos su punto de vista.
b) Esperar a que el moderador nos dé la palabra.
c) Expresar nuestro punto de vista con claridad y ser breves al participar.
d) Gritar para que el otro se calle y podamos hablar nosotros.
e) Ser tolerantes, aunque no estemos de acuerdo con lo que escuchamos.

¿Sabes qué número falta?

1. Observa la siguiente tabla y dibuja en la figura 3 y 5 el número de triángulos que corresponde.

Figura 1	Figura 2	Figura 3	Figura 4	Figura 5
△ △	△ △ △ △		△ △ △ △ △ △ △ △	

2. De acuerdo con la tabla anterior subraya la respuesta correcta.

a) ¿Cuántos triángulos habrá en la figura 10?

A. 18　　　　B. 20　　　　C. 40　　　　D. 30

b) Si en una figura hay 32 triángulos, ¿en qué figura estoy?

A. En la figura 6　　　B. En la figura 7　　　C. En la figura 8　　　D. En la figura 9

c) Si tengo 12 triángulos en la figura 7, ¿cuántos triángulos me hacen falta para completar la figura?

A. 10 triángulos　　　B. 12 triángulos　　　C. 14 triángulos　　　D. 16 triángulos

3. Observa la siguiente serie y contesta: 8, 13,18, 23, 28, 33,…

a) ¿Cuál de los siguientes números no podría estar en la secuencia?

A. 27　　　　B. 28　　　　C. 53　　　　D. 68

b) ¿Cuál es la constante aditiva de la secuencia?

A. 4　　　　B. 5　　　　C. 8　　　　D. 10

4. Imagina que vas a jugar avión y escribe la respuesta correcta.

a) Si debes de saltar de 3 en 3, ¿sobre qué números debes de saltar?

_____

Colecciones organizadas

1. **Natalia y sus amigos se reunieron para platicar sobre sus colecciones y algunos llevaron objetos de su colección para compartir. Ayúdales a ver cómo están formadas éstas.**

a) Natalia tiene una colección de plumas. Si 221 representan la tercera parte de sus plumas, ¿cuántas plumas tiene en total? _____

b) Mauricio tiene 540 canicas. Si le va a regalar la sexta parte a su amigo Carlos, ¿cuántas canicas le va a dar a Carlos? _____

c) La mamá de Natalia compró un pastel para la reunión. Mauricio se comió $\frac{1}{8}$, Regina $\frac{1}{4}$ y Polo $\frac{1}{4}$. ¿Cuánto pastel se comieron entre los tres? _____

d) Si estuvieron $\frac{1}{8}$ del día en casa de Natalia, ¿cuántas horas estuvieron ahí? _____

e) Regina quiere hacer galletas para sus amigas y el kilo de chochitos para adornarlas cuesta $48. Si sólo necesita $\frac{3}{4}$ de kilo. ¿Cuánto tiene que pagar? _____

f) Polo tiene 720 chicles de colores. Si $\frac{2}{5}$ son rojos, $\frac{1}{10}$ son morados, $\frac{2}{4}$ son verdes y los demás son rosas.

  A. ¿Cuántos chicles son rojos? _____

  B. ¿Cuántos chicles son morados? _____

  C. ¿Cuántos chicles son verdes? _____

Completar tablas

1. **Se hizo una colecta para ayudar a los más necesitados y el maestro de Juan dijo que por cada peso donado por sus alumnos él daría cinco pesos más.**

   a) Ayúdale al maestro a saber cuánto dinero donaron y cuánto tiene que donar él, completando la tabla.

Alumnos		Donación de los alumnos	Donación del maestro
A.	Anita		$75.00
B.	Carlos	$28.50	
C.	Paco	$27.50	
D.	María		$40.00
E.	Lucía	$29.70	

   b) ¿Cuánto dinero donaron los alumnos?_____
   c) ¿Cuánto dinero tendrá que donar el profesor?_____

2. **Completa la siguiente tabla para preparar *hot cakes*.**

Ingredientes		6 *hot cakes*	12 *hot cakes*	18 *hot cakes*
a) Harina			2 tazas	3 tazas
b) Leche		$\frac{3}{4}$ de taza		
c) Huevos		1 huevo		
d) Mantequilla			2 cucharadas	3 cucharadas

3. Encuentra el valor que le falta a la segunda figura para que sea proporcional a la primera.

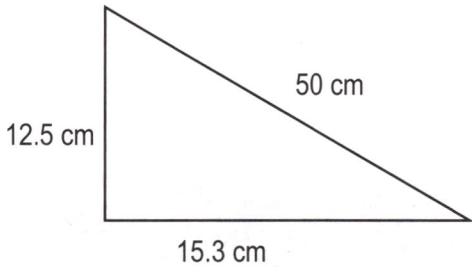

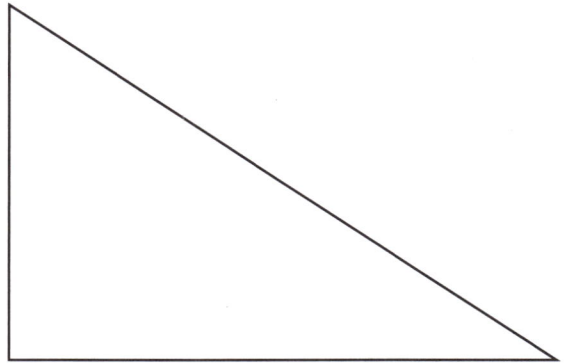

50 cm

12.5 cm

15.3 cm

_____

4. Si necesito dibujar una flecha 3 veces más grande que ésta ¿qué debo hacer? Explica. _____
_____

5. Traza una flecha que sea tres veces más grande que la primera.

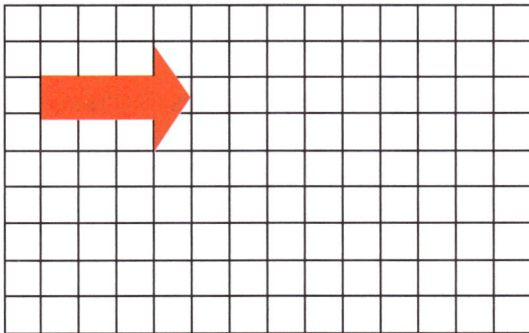

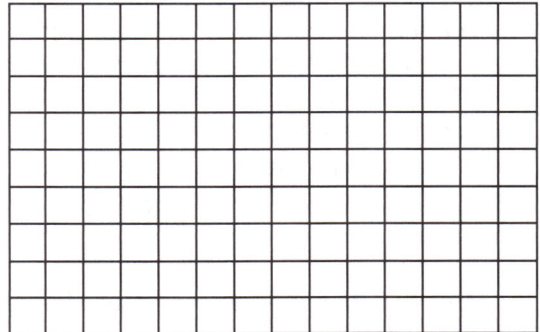

6. Si la base de la primera flecha mide 3 cuadros, ¿cuántos cuadros medirá la base de la segunda?

_____

7. Si quiero que la segunda flecha sea 25 veces más grande, ¿cuántos cuadros medirá la base de la
segunda flecha? _____

La **proporcionalidad** es la relación que existe entre magnitudes medibles, aumentando o disminuyendo la magni-
tud original.

¿Qué había donde está ahora ese edificio?

La **tala de árboles** hoy en día va en aumento siendo uno de los factores que provocan la disminución de la diversidad biológica. Esto resulta en desastres ecológicos que dañan a los seres humanos, al ecosistema y a la naturaleza. Es necesario recuperar el respeto por el ambiente y tomar acciones para su cuidado y conservación.

1. **En el siguiente texto subraya las causas de la tala de árboles.**

El hombre en su búsqueda por satisfacer sus necesidades personales o comunitarias utiliza la madera para fabricar muchos productos. La madera también es usada como combustible o leña para cocinar y calentar. Por otro lado, las actividades económicas en el campo requieren de áreas para el ganado o para cultivar diferentes productos. Esto ha generado una gran presión sobre los bosques. Al derrumbar un bosque, los organismos que allí vivían quedan sin hogar. En muchos casos los animales, plantas y otros organismos mueren o tienen que mudarse a otro bosque. Destruir un bosque significa acabar con muchas de las especies que viven en él, algunas de las cuales ni siquiera son conocidas por el hombre. De esta manera, muchas especies se están perdiendo día a día y desapareciendo para siempre del planeta.

2. **De acuerdo con la información del texto anterior contesta lo que se te pide.**

a) ¿A qué se debe la tala de árboles?

_____

b) ¿Cuáles son los daños que provoca la tala inmoderada?

_____

_____

c) ¿Qué problemas crees que causa al hombre la tala inmoderada?

_____

¿Qué mezclas?

A nuestro alrededor existen muchas sustancias que son **mezclas**, es decir, están formadas por dos o más componentes. Como ejemplos tenemos las bebidas de cola, que están formadas por cola, cafeína y gas carbónico, el agua del mar que está formada por agua y sal, o el vino, que contiene alcohol, agua, conservantes y colorantes. Si no se distinguen los materiales que la componen, la mezcla es homogénea; cuando sí es posible distinguir sus componentes se dice que es una mezcla heterogénea. Existen diversos procedimientos para separar los componentes de una mezcla.

1. **Elige de las palabras del recuadro y escribe sobre la línea el nombre del método de separación que se describe. Une los ejemplos de cada método.**

   evaporación   filtración   decantación   imantación

a) _____
Permite separar partículas sólidas relativamente pequeñas e insolubles mezcladas por un líquido.

I   Cafetera eléctrica, filtro de gasolina o aceite, filtro de agua.

b) _____ Los metales ferromagnéticos pueden separarse de las mezclas al ser atraídos por un campo magnético.

II   Este procedimiento es utilizado en las empresas que se dedican al reciclaje de metales.

III   Plantas para tratar agua, preparación de café de olla.

c) _____ Sirve para separar un sólido insoluble y de partículas gruesas de un líquido.

IV   Leche evaporada y leche en polvo.

d) _____ Con esta técnica pueden recuperarse o concentrarse sólidos disueltos.

El agua salada y el agua dulce dan vida

La hidrosfera es una de las capas terrestres. Está compuesta por el agua, que cubre dos terceras partes de nuestro planeta conformando océanos, ríos, lagos, lagunas y aguas subterráneas de los depósitos o mantos acuíferos. A pesar de su abundancia, sólo aproximadamente 3% del agua es dulce y por tanto apropiada para beberse y llevar a cabo las actividades que garantizan la sobrevivencia de los seres vivos. Aunque el agua salada de los mares no se puede beber es un importante recurso natural que nos provee de alimento y minerales, además de favorecer el desarrollo de diversas actividades económicas.

1. Anota en el mapa el nombre de los cuatro grandes océanos que cubren la superficie marina. Remarca con azul los principales ríos del mundo y aprovecha para identificar el nombre de los países por donde corren.

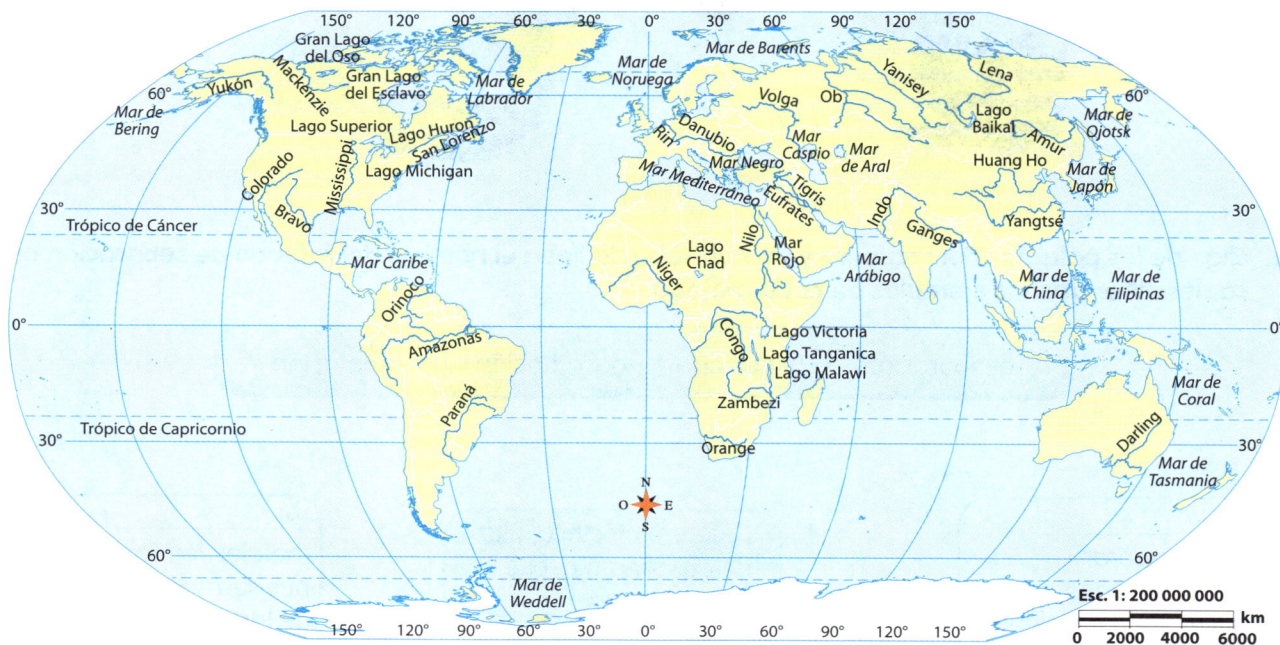

2. Anota las actividades laborales y productivas que pueden llevar a cabo los habitantes de los países que cuentan con litorales marinos.

_____

_____

_____

3. Anota el nombre de 2 ríos que estén en:

América	Europa	Asia	África

Golfos, bahías y estrechos

El oleaje, las mareas y las corrientes marinas dan lugar a un continuo movimiento ondulatorio con subidas y bajadas de la superficie del mar que al chocar con la superficie continental van moldeando y dando formas distintas a las costas de islas y continentes, de ahí que se distingan **bahías**, **estrechos** o **golfos**. Las bahías y los golfos son entradas de agua de mares y océanos en los continentes; las bahías son de menor tamaño que los golfos. Los estrechos son pasajes entre dos mares u océanos que se forman por la cercanía entre los continentes e islas.

1. Resalta con **azul marino** el contorno de los golfos del mundo y con **azul claro** las principales bahías del continente americano.

2. Anota con letra *cursiva* los golfos del territorio mexicano.

_____

3. Localiza en el mapa los siguientes estrechos y anota los nombres de los países y continentes, así como los océanos o mares que se unen por tal estrecho. Anota la información en la siguiente tabla.

	Países/Continentes	Océanos/Mares
a) Estrecho de Bering		
b) Estrecho de Gibraltar		
c) Estrecho de Formosa		
d) Estrecho de Magallanes		
e) Estrecho de Mesina		

33

Avances científicos, tecnológicos y culturales

Durante el **porfiriato** se apoyó el desarrollo de la ciencia, la tecnología y la cultura. Las actividades científicas se vieron favorecidas por la fundación de institutos, bibliotecas y sociedades científicas dedicadas a la investigación y divulgación; hubo también un nuevo impulso para estudiar la historia nacional. El desarrollo tecnológico impactó en el campo de las comunicaciones y transportes. En la cultura floreció la literatura, la pintura, la música y la escultura.

En 1878 se comenzaron a construir ferrocarriles en México

1. **Une con líneas de diferentes colores, los eventos ocurridos durante el porfirismo de la columna derecha con el tipo de avance señalado en la columna izquierda.**

a) Manuel Altamirano formó grupos de estudio de la Historia de México.

b) Se crean sociedades científicas.

c) Se crea la Universidad Nacional de México.

CIENCIA

d) Se construyen más de mil kilómetros de red ferroviaria de México.

e) Se instala por primera vez la luz eléctrica.

TECNOLOGÍA

f) Se introduce el tranvía como transporte público.

g) En 1891 se creó el Instituto Geológico de México.

CULTURA

h) Se instaló por primera vez la línea telefónica.

i) Se instala un cable submarino para comunicarse con Europa.

j) Se difunden investigaciones sobre flora y fauna.

k) Se apoya a pintores y escritores.

De los caudillos a las instituciones

El proceso de cambio que surgió en México a partir de la Revolución Mexicana tuvo como una de sus características principales el paso del gobierno de los líderes representativos de amplios grupos sociales, llamados caudillos, a la creación de instituciones que tenían como misión reorganizar el país en todos sus rubros. Durante dicha transición sucedieron acontecimientos dentro y fuera del territorio nacional, que marcaron significativamente la vida del país en el siglo XX.

1. **Averigua cuándo ocurrieron los siguientes acontecimientos. En los recuadros de la derecha anota las fechas en que ocurrieron**

   a) Segunda Guerra Mundial.

   b) Exhibición de la primera película sonora mexicana.

   c) Se le otorga el premio Nobel a Albert Einstein.

   d) Fundación del PNR (Partido Nacional Revolucionario).

   e) Movimiento estudiantil y Juegos Olímpicos en México.

   f) Muerte de Obregón.

   g) México acuerda con Estados Unidos mandar trabajadores braceros a ese país.

   h) Se otorga el derecho al voto femenino.

   i) Creación de la Secretaría de Educación Pública.

   j) Guerra civil española.

   k) Se juega en México la IX Copa Mundial de Fútbol.

   l) Primer viaje a la Luna.

   m) Muere Pancho Villa.

Cuidemos la naturaleza de México

En las siguientes actividades que pueden parecer divertidas, se está lastimando a la naturaleza.

1. **Debajo de cada dibujo escribe una propuesta que sea divertida sin que tenga que afectar a la naturaleza.**

2. **Investiga cuánta gente vive en tu ciudad.** _____

3. **De toda esta gente ¿cuánto es el 10%?** _____

4. **La envoltura de un dulce no tapa una coladera. ¿Crees que si el 10% de tu ciudad piensa eso, la coladera no se va a tapar? ¿Por qué?** _____
_____

Respetar y cuidar el **ambiente**, es también defender a la naturaleza y a los animales.

Derechos y responsabilidades

1. Encuentra en la siguiente sopa de letras, 10 palabras que son necesarias para el bienestar colectivo. Escríbelas en las líneas que están debajo de la sopa.

P	L	A	K	A	S	T	I	Ñ	Y	P	U	G	V	K	U	Y	B	G	B	U	G	U
R	A	Ñ	U	P	H	O	X	U	I	D	A	F	A	X	S	Q	P	B	A	B	F	F
E	F	X	V	E	F	L	Q	K	H	C	Q	U	S	A	O	F	H	Q	F	Y	P	U
S	E	N	S	A	T	E	Z	P	Y	O	V	Q	E	Y	L	A	P	U	P	A	R	F
P	G	P	V	U	V	R	Y	A	Q	M	P	A	R	H	I	Q	F	K	H	B	U	A
E	L	Q	A	K	U	A	E	G	U	P	A	Y	T	A	D	U	P	U	X	A	D	F
T	Q	U	X	V	G	N	R	A	U	R	Q	G	I	X	A	U	A	G	Y	U	E	U
O	X	A	C	A	R	C	T	K	A	E	Ñ	A	V	P	R	Ñ	P	O	U	C	N	O
Ñ	I	Ñ	U	F	D	I	S	P	O	N	I	B	I	L	I	D	A	D	U	K	C	A
U	X	E	A	P	I	A	Ñ	X	R	S	K	G	D	P	D	P	C	P	Q	U	I	U
LL	I	D	A	J	V	X	A	C	A	I	G	Q	A	M	A	B	I	L	I	D	A	D
H	A	K	U	P	H	A	I	D	A	Ó	K	X	D	U	D	Y	E	F	P	U	F	A
X	B	A	C	A	C	H	I	O	N	N	Q	V	U	G	Ñ	A	N	Q	F	K	A	R
U	A	U	Q	Y	H	Q	A	U	K	A	I	D	A	A	P	X	C	G	A	P	Q	A
Y	Q	A	U	Ñ	F	P	Q	Y	Q	P	H	Y	U	P	R	G	I	X	H	Ñ	A	U
P	A	R	P	A	U	A	G	A	U	G	A	V	Ñ	C	U	T	A	K	Q	Z	A	L

1. _____
2. _____
3. _____
4. _____
5. _____

6. _____
7. _____
8. _____
9. _____
10. _____

2. Elige dos de las palabras y explica su significado. Si no sabes cuál es el significado de alguna palabra, busca su significado o pide que te lo expliquen.

Por ejemplo: Asertividad es decir lo que pienso y quiero sin utilizar la agresión, ni omitiendo algo por no lastimar.

_____
_____
_____
_____
_____

Unas herramientas útiles

1. **Para organizar y resumir información de un tema, se pueden utilizar diferentes herramientas. Observa las imágenes y escribe debajo de cada una si se trata de un cuadro sinóptico, una tabla o un mapa conceptual.**

Seres vivos	
Animales	Vegetales
Camello, víbora, jirafa, cocodrilo, vaca, koala	Pasto, clavel, tulipán, árbol y nochebuena

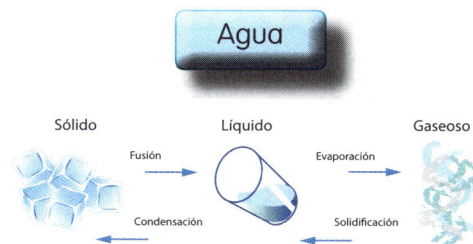

Agua

Sólido   Líquido   Gaseoso

Fusión   Evaporación

Condensación   Solidificación

_____

Instrumentos musicales

Cuerda   Arpa, Guitarra Violín.

Viento   Trompeta, flauta y saxofón

Percusión   Timbal, pandero y castañuelas

_____

2. **Lee las características de cada herramienta y marca con una ✓ de cuál se trata.**

   a) En él se relacionan los conceptos clave de un tema.

        Tabla   Mapa conceptual   Cuadro sinóptico

   b) Esquema ordenado por niveles que muestra todos los elementos de un tema.

        Cuadro sinóptico   Mapa conceptual   Tabla

   c) Organiza la información en filas (horizontales) y columnas (verticales).

        Mapa conceptual   Cuadro sinóptico   Tabla

   d) Los elementos de cada nivel se relacionan con llaves.

        Tabla   Cuadro sinóptico   Mapa conceptual

   e) Los conceptos se conectan entre sí, con palabras de enlace escritas en minúscula.

        Mapa conceptual   Cuadro sinóptico   Tabla

   f) Sus componentes son: título, ideas principales e ideas de apoyo.

        Mapa conceptual   Tabla   Cuadro sinóptico

3. **Escribe con tus propias palabras una ventaja de resumir información usando...**

Mapas mentales: _____

Cuadros sinópticos: _____

Tablas: _____

Manejo de las emociones

1. **Lee la lista. Colorea el cuadro del color con el que relacionas cada emoción, y escribe otras dos sobre las líneas.**

Miedo ☐ _____   _____

Sorpresa ☐ _____   _____

Ira ☐ _____   _____

Alegría ☐ _____   _____

Tristeza ☐ _____   _____

Rechazo ☐ _____   _____

2. **Escribe en qué situaciones sueles experimentar esas emociones.**

_____

3. **Une con una línea cada emoción con las reacciones que provocan en ti. Las respuestas pueden repetirse, pero las líneas no deben cruzarse.**

| Miedo | Sorpresa | Ira | Alegría | Tristeza | Rechazo | Enojo |

Hacer muchos gestos   Reír   Respirar agitadamente

Llorar   Sudar en exceso   Sonrojarse

Dolor de estómago   Nudo en la garganta

Temblar   Aumento de los latidos del corazón   Hablar mucho

¿Cómo citar artículos de revistas?

1. Encierra en un círculo la cita bibliográfica que le corresponda a esta revista.

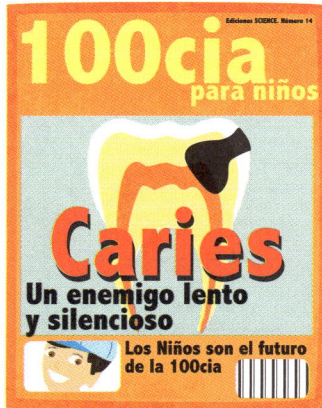

a) FLEKEN, Erika 100cia para niños.16.

b) FLEKEN, Erika: "Caries: Un enemigo lento y silencioso", en *100cia para niños*. Science, Número 14 (mayo de 2012), pag.16.

c) Disponible en http://muyinteresante.mx/ mayo de 2012.

2. Encierra en círculos los elementos de esta ficha, según los colores de la tabla.

Pérez, Antonio. "Y sin embargo se mueve", en *Científicos para todos*. Macmil, Sonora, Número 150

(enero de 2012), pág. 46.

Elemento	Característica
1. Autor del artículo	Empezar por el apellido y seguir con el nombre.
2. Título del artículo	Escribirlo siempre entre comillas.
3. Nombre de la revista	Subrayarlo o escribirlo con letra cursiva.
4. Edición	Nombre de la compañía que imprime la revista.
5. Número de revista	Número si forma parte de una colección.
6. Lugar y fecha de publicación	En dónde se publicó la revista, en qué mes y año.
7. Página del artículo	Página en la que inicia el artículo.

Información disponible en: http://es.wikipedia.org/wiki/Referencia _bibliogr%C3%A1fica#Revista_o_diario 11 de agosto de 2011.

3. Acomoda en el lugar que corresponda los siguientes datos para que la referencia bibliográfica, quede bien escrita.

pág. 37.   "Rinoceronte lanudo",
en *Paleontología de hoy y ayer*.
Los Ángeles,   Wang, Xiaoming.
Número 26 (junio de 2012),   MHNLA,

Repaso en vacaciones, quinto grado
RESPUESTAS (SECCIÓN DESPRENDIBLE)

Página	Ejercicio	Respuestas
4	1	A. 2 / B. 1 / C. 3 / D. 4
5	1	2 / 3 / 1
5	2	En todas las oraciones: primera frase de verde; segunda, de rojo.
6	1	R / F / F / R
6	2	Fantásticos: Señor del monte, llamar a las aves para vestirlas con plumajes, en compensación le dio un hermosos trino. / Reales: Pavo real, faisán, guacamaya, azulejo, cardenal, colibrí.
7	2	cierto / falso / falso / cierto
7	3	artículo / breve / explican / claridad / ideas / investigaciones / publican / revistas
8	1	Ochocientos cincuenta mil ciento tres / Setecientos nueve mil ochocientos setenta y nueve
8	2	a) En el primer lugar b) 800 000 c) 684 879 d) 690 809 e) 19 070 f) La primera g) 70 000
9	3	2 de $1 000, 3 de $500, 2 de $200, 1 de $20 y 1 de $5 / 1 de $1 000, 4 de $500, 2 de $200, 5 de $100, 2 de $10 y 1 de $5
9	4	a) 601 900 b) 3° c) $759 028
10	1	a) 797 000 b) 3 000 c) 3 990 d) 70 e) 100 f) 5 000 g) 991 h) 804 i) 99 j) 920
10	2	a) 1 090 /1 100 / 1110 b) 3 000 / 3 100 / 3 200 c) 820 /860 / 900 d) 11 500 / 12 000 /12 500 e) 2 100 / 2 105 / 2 110 f) 202 400 / 203 100 g) 1 098 /1 102 /1 106
11	1	1. Cuadrado / g 2. Triángulo Equilátero / d 3. Triángulo Isósceles / b 4. Triángulo Escaleno / f 5. Rectángulo / a 6. Rombo / h 7. Trapezoide / e 8. Trapecio / c
12	1	4 / 5 / 1 / 3 / 2
12	2	Baño, cambiar toalla cada vez que sea necesario, lavarse diario el área genital.
13	1	espermatozoides / continua / testículos / producir / almacenan / salir / ascender / uretra / próstata / producen / seminal / semen / pene
13	2	Baño diario, usar ropa interior de algodón, limpiar la zona entre el prepucio y el glande.
14	2	A / C / B / B y D / D
15	1	a) Usar focos ahorradores. b) Evitar consumirlos. c) Plantar árboles. d) No dejar basura. e) Usar transporte público. f) Denunciar a las empresas que contaminan en exceso.

Página	Ejercicio	Respuestas
16	1	Social: a, b, h. Cultural: c. Económico: d, f. Políticos: e, g.
16	2	República: a, d y e Monarquía: b, c y f
17	1	1850: 7 / 5 / 10 1860: 6 / 2 / 8 / 1 / 4 1870: 9 1880: 3
19	2	película / pena / burlaran / gustan / primos / hicieron / estaban / decidirse / elegir / aburrido / peor / amigos / visto / estaba
19	3	No / No / Respuesta libre
20	1	lectura rápida / palabras clave / tema / lectura global / menos tiempo / más facilidad
21	3	a) Hemisferio norte. b) Viento solar, campo magnético terrestre y gases de la ionósfera. c) El campo magnético atrapa algunas partículas solares y éstas chocan con los gases de la ionosfera. d) En enero y febrero. f) Al helio.
22	1	Artículo
22	2	a) Título b) Párrafo introductorio c) Información para clasificar d) Resumen e) Conclusión
23	1	3 / 4 / 5 / 1 / 2
24	1	Respuesta libre, ejemplo: Discusión en la que se presentan diferentes puntos de vista sobre un tema
24	2	moderador / secretario / participantes
24	3	Historieta 2
25	4	a) Si es conveniente retocar a las modelos que salen en las portadas. b) La mujer del pelo largo. c) Los que están a favor y los que piensan que influencian negativamente.
25	5	Antes / Durante / Antes / Al Final / Durante / Durante / Antes
25	6	a) ☹ b) ☺ c) ☺ d) ☹ e) ☺
26	1	Figura 3: 12 triángulos. Figura 5: 20 triángulos
26	2	a) C. b) C. c) D.
26	3	a) A. b) B.
26	4	3 / 6 / 9
27	1	a) 663 b) 90 c) $5/8$ d) 3 horas e) $36 f) A. 288 B. 72 C. 360
28	1	a) A. $15, B. $142.50, C. $137.50, D. $8, E. $148.50 b) $108.70 c) $543.50

1

Página	Ejercicio	Respuestas
28	2	a) 1 taza b) 1 ½ tazas / 2 ¼ tazas c) 2 huevos / 3 huevos d) 1 cucharada
29	3	61.2 cm
	4	Multiplicar cada una de las longitudes de los lados de la flecha por 3.
	6	9 cuadros
	7	75 cuadros
30	1	"utiliza la madera para fabricar muchos productos. La madera también es usada como combustible o leña para cocinar y calentar. Por otro lado, las actividades económicas en el campo requieren de áreas para el ganado o para cultivar diferentes productos."
	2	a) A que se utiliza la madera para fabricar muchos productos. b) Los organismos que allí vivían se quedan sin hogar, plantas, animales y organismos mueren o tiene que mudarse, se acaban las especies. c) Falta de oxigeno, exceso de dióxido de carbono, rompimiento de la capa de ozono, no hay sombra, calentamiento global.
31	1	a) Filtración–I b) Imantación–II c) Decantación–III d) Evaporación–IV.
32	2	pesca, navegación, turismo
	3	América: Amazonas, Bravo / Europa: Danubio, Rin / Asia: Yangtsé, Ganges / África: Orange, Nilo
33	2	Golfo de México, golfo de California, golfo de Tehuantepec
	3	a) Rusia y Estados Unidos; Asia y América / Océanos Pacífico y Ártico b) España y Marruecos; Europa y África / Océano Atlántico y mar Mediterráneo c) China y Taiwán; Asia / Mares de china oriental y de china Meridional d) Chile y Argentina; América / Océanos Pacífico y Atlántico e) Italia; Europa / Mares Jónico y Tirreno
34	1	Ciencia: b, g, j / Tecnología: d, e, f, h, i / Cultura: a, c, k
35	1	a) 1939-1945 b) 1931 c) 1926-1929 d) 1921 e) 1929 f) 1968 g) 1928 h) 1942 i) 1959 j) 1921 k) 1936-1939 l) 1970 m) 1969 n) 1923
36	1	Respuestas libres.
	2	Respuesta libre, Ejemplo: 8 000 000
	3	Respuesta libre, Ejemplo: 800 000
	4	Sí. Porque una no tapa nada, pero muchas, sí.
37	1	1. RESPETO 2. TOLERACIA 3. SENSATEZ 4. DISPONIBILIDAD 5. COMPRENSIÓN 6.ASERTIVIDAD 7. SOLIDARIDAD 8. PACIENCIA 9. AMABILIDAD 10 PRUDENCIA
	2	Respuesta libre

Página	Ejercicio	Respuestas
38	1	Tabla / Mapa conceptual / Cuadro sinóptico
	2	a) Mapa conceptual b) Cuadro sinóptico c) Tabla d) Cuadro sinóptico e) Mapa conceptual f) Cuadro sinóptico
	3	Respuestas libres
39	1	Respuesta libre, ejemplo: Miedo ROJO / Temor / Terror
	2	Respuesta libre
	3	Respuesta libre ejemplo: Reír-Alegría
40	1	b)
	2	1. Pérez, Antonio. 2. "Y sin embargo se mueve", 3. *Científicos para todos*. 4. Macmil, Sonora 5. Número 150 6. enero de 2012 7. pág. 46
	3	Wang, Xiamoning. "Rinoceronte lanudo", en *Paleontología de hoy y ayer*. MHNLA, Los Ángeles, Número 26 (junio del 2012). Pág. 37.
41	2	a) Pastelillos de almendra dulce pecado y leche plus 60 b) Leche Soyamilk y pan integral Granuloso c) Jugo de guayaba d) galletas de chocolate Chocokukis
42	2	Narrativo / Descriptivo
	3	N / D / D / N / N / D
	4	Descriptivo / Narrativo / Descriptivo
43	1	escuché / busqué / techo / vieron / cerca
	2	c)
	3	a) afanosamente b) antes c) alrededor d) aproximadamente
	4	b)
44	1	a) *sesenta millones trescientos cuarenta mil trescientos veintiocho* b) Bolonia c) 6 centenas de millar d) *dos millones setecientos dieciocho mil setecientos setenta y ocho habitantes.* e) Nápoles f) 372 256 / 908 263 / 973 132 / 1 299 633 / 2 718 768 g) 6 h) 6 500 000
45	2	a) 1 948 b) 1 849 c) 3 429 d) 1 005 e) 878 f) 2 226
	3	a) MDCCCLXXIV b) CDXXVIII c) MMCMLXVII d) MDCXLIX e) MMMCII f) CMXCIX
	4	a) 1475 b) 1498 c) 1539 / 1541 / 5
	5	a) MC LXXXI – CMLXX IX b) 1 181 Đ 979 c) No porque el sistema romano no es posicional. / No porque en el sistema decimal el valor de cada número sí depende del lugar donde se coloque.

Página	Ejercicio	Respuestas
46	1	a) Respuesta libre entre 46.92 y 47.02
	2	0.56 < 0.7 / 1.3 < 1.35 / 5.678> 5.675 / 0.3>0.299 / 0.098<0.2 / 3>1.897
	3	9.2 > 9.15 > 8.9 > 8.1 > 8.09
	4	a) 0.102 b) 0.725 c) 0.294
	5	2.52 / 2.58
47	6	a) 250 b) 870 c) 350 d) 140 e) 9.32
	7	a) 200 b) 7 / 50 c) 100
	8	Naranja / Amarillo / Azul / Morado
48	1	a) chimenea b) Caldera c) transformador d) Torre de refrigeración e) Turbinas f) Condensador g) Bombas
	2	Se usa carbón para calentar el agua, el vapor que sale de los calentadores pone en movimiento las aspas de las turbinas, las hace girar originando la energía calorífica que se transforma en mecánica y ésta en eléctrica. Finalmente se distribuye a los lugares que se requiere a través de conductores.
49	1	a) química b) mecánica c) química d) mecánica e) eléctrica f) calor
51	2	a) *China* b) B*anglades*h c) *Respuesta libre ejemplo: Bangladesh porque tiene una mayor concentración de población en un territorio pequeño* d) *Respuesta libre ejemplo: Porque Namibia es un país desértico*
52	1	Ahí se establecen los derechos de los mexicanos
	2	Respuesta libre
	3	Venustiano Carranza
	4	a) b) d) e)
53	5	Llevó a cabo el reparto agrario. Protegió la propiedad privada. Fundó varias instituciones.
	6	Creó el banco de México. Provocó la guerra Cristera. Siguió ejerciendo poder después de su periodo presidencial
	7	Respuesta libre ejemplo: Unos pensaban en el campo y otros en la modernización del país.
	8	Respuesta libre ejemplo: PRI, PAN, PRD, PT
54	1	1. Semáforo. 2. Moño de la niña. 3. Bolsa de la señora con bastón. 4. Corbata del señor en el auto azul. 5. Pareja con bebé. 6. Capucha de la carriola. 7. Niños en el auto morado. 8. Pareja discutiendo. 9. Cantidad de tubos de la señora. 10. Antena del auto rojo.
55	2	Respuesta libre, ejemplo: pareja discutiendo, señor del auto azul gritando, señora con tubos picando la llanta
	3	Respuesta libre.
	4	Respuesta libre.
57	1	Porque cuando era hermoso era presumido y hacía sentir mal a los otros
	2	Que el murciélago era como ahora lo conocemos. Que la soberbia puede ofender a los demás. Que el murciélago es ciego.
	3	Que le haya pedido plumas al Creador. Que cada ave le haya dado una pluma. Que sea ciego para olvidarse de los colores que perdió.
	4	Respuesta libre.
	5	Respuesta libre ejemplo: el Quetzal tiene plumas y el murciélago no
	6	Construyen sus nidos en los árboles, comen semillas e insectos.
	7	100 murciélagos.
58	2	Porque las palabras derivadas de saber se escriben con b
	3	dibisión / dibisor / divisivilidad división / divisor / divisibilidad
	4	Almacén: almacenar / almacenaje / almacenamiento Habitar: habitación / habitáculo / habitante / hábitat Cesta: encestar / cestería / cestero / cesto
59	1	H / D / F / B / A / G / E / C
	2	a) in b) voz c) cortinilla d) LOC.
60	1	b)
	2	La mayoría / pero / solamente
	3	a) Respuesta libre, ejemplo: a la mayoría les gusta ver caricaturas y como esperábamos muy pocos ven documentales. b) Respuesta libre, ejemplo: la mayoría opina que el festival navideño fue más divertido y solamente uno seleccionó el de fin de cursos.
61	1	a) 100 / Five Flags / Respuesta libre, ejemplo: conocer opinión sobre el parque.b) c) y d) Respuestas libres.
62	1	16 / 1 600
	2	a) 10 889 000 b) 511 000 000 c) 110 860 d) 229.6 e) Belice
	3	a) 1 000 000 m² b) 20 000cm² c) 1 500 dam² d) 8 km²
	4	10 000
63	5	a) 8.8 ha = 880 áreas / 880 entre 40 = 22 22 secciones b) 2ha = 20 000 m² / 8 500 + 5 000 = 13 500 20 000 – 13 500 = 6 500 / 85 a = 8 500 m² / 6 500 m²

3

Página	Ejercicio	Respuestas
64	1	a) 1/3 b) 18 niños c) 1/6
	2	a) 1/5 b) 6 niños c) 1/6 d) 2 e) 2/18 o 1/9 f) $5 g) 5/50 = 1/10 h) 1/5 i) por cada 5 que pagas, 1 entra gratis j) en la pista y el zoológico k) porque en la pista, la razón es 2/10; o sea, por cada 10 niños 2 son gratis, y en el zoológico, 1/5; esto es, por cada 5 niños uno es gratis, y 2/10 y 1/5 son equivalentes l) zoológico / pista de hielo
65	1	a) SEGUNDO b) MES c) DÉCADA d) AÑO e) MINUTO f) SIGLO
	2	a) 1 440 b) 365 / 75 c) 100 / 20
66	1	I – b / II – d / III – a / IV – c
67	1	a) Mercurio b) Venus c) Tierra d) Marte e) Júpiter f) Saturno g) Urano h) Neptuno
	2	*Tiene una atmósfera intermedia compuesta de nitrógeno y oxígeno, un rango moderado de temperaturas estas dos permiten la existencia de agua líquida.*
68	1	a) contaduría, administración. b) asesor de mercado, comercio de mayoreo, menudeo. c) piloto. d) cartero, mensajero. e) técnico de mantenimiento. f) de plomería, de aparatos eléctricos y electrodomésticos. g) peluquerías.
69	1	a) *Noruega / Australia / Nueva Zelanda* b) *Bahamas / Lituania / Chile / México* c) *R. Dominicana / China / El Salvador* d) *Niger / Rep. Dem. del Congo / Zimbabue*
	2	Respuestas libres.
70	1	Respuestas libres, ejemplos: a) Salma Hayek, Demian Bichir, Guillermo del Toro b) Susana Alexander, Silvia Pinal c) Lourdes Campos, Amalia Hernández, Josefina Lavalle d) Alondra de la Parra, Lila Downs e) Ana Gabriela Guevara, Javier "Chicharito" Hernández, Vanessa Zambotti f) Mario José Molina, Marcos E. Becerra, Julieta Fierro
71	2	a) Yucatán, en 1997 b) 1985 c) Chihuahua, Sonora, Durango d) Tabasco 2007 e) El huracán Wilma

Página	Ejercicio	Respuestas
72	1	LA FORMA DE GOBIERNO EN MÉXICO ES LA DEMOCRACIA. SUFRAGIO: VOTO DE QUIEN TIENE CAPACIDAD DE ELEGIR DISENSO: CONFORMIDAD DE LAS PARTES EN DISOLVER UN ACUERDO.
	2	Respuesta libre, ejemplo: todos estuvimos de acuerdo en cambiar la fecha del paseo para que pudieran ir más.
73	1	a) P b) V c) P d) V e) P f) V g) P h) V
74	1	Respuestas libres.
	2	Respuestas libres.
	3	Respuestas libres.
75	1	Respuestas libres.
	3	Respuestas libres.
77	2	a) 1. genética / gen 2. Georgina / genética / genes 3. genética / genes / generación 4. gemelo / Genaro b) g / gem / geo / gen
	3	a) gen b) genes c) genoma d) Genómica, genoma e) gemelas, Géminis f) Geografía, Geometría.
	4	Respuesta libre
78	1	b) Rodríguez c) Juárez d) Estévez e) González
	2	García
	3	Martínez - Martín Rodríguez - Rodrigo Fernández - Fernando Sánchez - Sancho López - Lope Pérez - Pedro
79	1	a) yec b) yec c) ayu d) yec e) yer f) yer g) yer h) yec i) yec j) ayu k) yer l) ayu
	2	a) II b) III c) I d) IV e) V
80	1	ALBERTO / ALBERCA / ALBINO / ALBA / ALBÓNDIGA / ÁLBUM / ALBOROTO / ALBRICIAS
	2	alb / b
	3	Respuesta libre
	4	*Alberto, alborozado, comentó con sus compañeros: "¡Ya tenemos el permiso! Saldremos al alba para explorar las grutas".*

4

Porque me quiero, me cuido

1. **Observa cuidadosamente estos productos.**

Chocokukis · Libre de gluten

Dulce pecado
Disfruta sin engordar
Dietéticos, digestivos y deliciosos

soya milk
Por respeto a los animales
Ideal para vegetarianos y veganos

Lili
Vacas felices y campiranas
Adicionada calcio

Plus 60
Para adultos felices
omega 3
Enriquecida con para reducir enfermedades cardiovasculares

8 granos diferentes
Alto contenido en fibra
Granuloso...
El pan más sabroso

Guayafrut
Rico en vitamina C
100% natural

2. **Lee con atención los siguientes casos y selecciona, entre los productos de la ilustración, una combinación adecuada a cada situación. Cuida la ortografía.**

a) Tu abuelito viene a merendar y es muy goloso, pero el médico lo puso a dieta. ¿Qué postre y bebida serían ideales para él?

_____

_____

b) Tu maestra de yoga viene a desayunar. Ella es **vegana.** Además del jugo, ¿qué le ofrecerías?

_____

c) Tienes gripa y el médico te pide tomar líquidos y comer frutas ricas en vitaminas C ¿Cuál de las bebidas tomarías?

_____

d) Tu prima es alérgica al gluten y viene a jugar a tu casa, ¿qué le convidarías para acompañar un rico y fresco vaso de leche?

_____

> **Vegana:** persona que no come ni se viste con productos de origen animal.

41

Textos para narrar y para describir

1. **Lee los siguientes textos.**

Con una voz sosegada y riéndose a menudo entre frases, el Dalai Lama habló de México a los mexicanos, su buen humor y felicidad emanan, según él mismo lo dijo, de su corazón, así sin metáfora: de su órgano cardiaco.

Mi mujer de cabellera de llamas de leña,
De pensamientos de relámpagos de calor,
De talle de reloj de arena…

N ___ r r ___ t __ v o

D ___ s c r __ p t __ v __

Fragmento de: http://www.casatibet.org. mx/2011/09/el-dalai-lama-se-rie-por-sabina-berman/

Fragmento tomado de: http://amediavoz.com/ breton.htm#unión libre

2. **Completa las palabras con las vocales que faltan y sabrás qué tipo de texto es cada uno.**

3. **Escribe sobre la línea una N si la característica corresponde a un texto narrativo y una D si se trata de una característica de un texto descriptivo.**

____ Es un relato de hechos en el que intervienen personajes.

____ Refiere a las características o propiedades de un objeto.

____ Para escribirlo es necesario conocer bien a la persona, el lugar o el objeto.

____ Ejemplos de este tipo de textos son los cuentos y las novelas.

____ Los hechos son contados por un narrador.

____ Utiliza metáforas o comparaciones para enumerar las características de algo o alguien.

Información disponible en: http://formacion-docente.idoneos. com/index.php/Did%C3%A1ctica_de_la_Lengua/Tipos_ de_Textos/Texto_Narrativo Y EN http://formacion-docente. idoneos.com/index.php/Did%C3%A1ctica_de_la_Lengua/ Tipos_de_Textos/Texto_Descriptivo

> También las adivinanzas son descripciones.

4. **Lee los siguientes fragmentos y anota con letra _cursiva_ si es un texto descriptivo o narrativo.**

Por dentro carbón, por fuera madera y en tu mochila me voy a la escuela. _____

La Llorona es una leyenda mexicana muy popular que se desarrolla en la época Virreinal. ¡Ay mis hijos! Es su lamento que se escucha por las noches… _____

Entre sus labios se asomaba una fina hilera de perlas. _____

Las palabras lo dicen todo

1. **Completa el texto con los verbos del recuadro.**

| vieron | busqué | escuché | aullaba | subí |

Eran las 5 de la mañana cuando _____ un aullido lastimero en el techo de mi casa. Rápidamen-

te _____ mi linterna y sigilosamente subí al _____. ¿Qué _____ mis ojos? Un conjunto de

gatos aullaba _____ de Fifí, la gatita de mi vecina.

2. **Marca con una ✓ la respuesta correcta.**

   - Un adverbio complementa el significado del verbo y ayuda a describir…
     a) las cualidades de una persona.
     b) la forma en que se realizan las acciones.

| aproximadamente | alrededor | afanosamente | antes |

3. **Completa las frases escribiendo los adverbios que faltan.**

   a) Diego Rivera pintó _____ los murales del Palacio Nacional.
      Adverbio de modo

   b) El día de muertos se celebraba desde _____ de la llegada de los españoles.
      Adverbio de tiempo

   c) Octavio Paz viajó _____ del mundo.
      Adverbio de lugar

   d) Cantinflas actuó _____ en 50 películas.
      Adverbio de cantidad

4. **Lee con atención y subraya la respuesta correcta.**

   - Los adjetivos acompañan a los sustantivos y nos sirven para describir…
     a) las características de un lugar, persona u objeto.
     b) cómo realiza una acción el personaje de un cuento.

Un paseo

1. **Mónica hará un viaje a Italia. Antes del viaje investigó acerca de ese país. Observa la tabla con la información que encontró de la población de las ciudades que visitará y contesta las preguntas:**

POBLACIÓN

Población total del país	60 340 328 habitantes
Milán	1 299 633 habitantes
Nápoles	973 132 habitantes
Bolonia	372 256 habitantes
Roma	2 718 768 habitantes
Turín	908 263 habitantes

a) Escribe con letra *cursiva* la población total de Italia: _____

_____

b) ¿Cuál es la ciudad con menor población? _____

c) ¿Cuántas centenas de millar de habitantes tiene más Nápoles que Bolonia? _____

_____

d) Escribe con letra *cursiva* el número de habitantes de Roma. _____

_____

e) ¿Qué país tiene la extensión de novecientos setenta y tres mil ciento treinta y dos habitantes?

_____

f) Escribe de menor a mayor el número de habitantes de las ciudades que visitará.

_____   _____   _____   _____   _____

g) También investigó que la superficie total de Italia es de trescientos un mil trescientos treinta y ocho km². ¿Cuántas cifras tiene esta cantidad? _____

h) ¿Qué número se aproxima más al total de habitantes de estas cinco ciudades? Encierra la respuesta.

44   60 500 000   6 500 000   5 500 000   4 500 000

Mónica visitará los museos más importantes de Italia. Por ello necesita repasar los números romanos:

Recuerda el valor que tienen las letras en la numeración romana:

I	X	C	M	V	L	D
1	10	100	1000	5	50	500

2. **Escribe con números arábigos las siguientes cantidades:**

a) M CM XL VIII _____   b) M DCCC XL IX _____

c) MMM CD XX IX _____   d) M V _____

e) DCCC LXX VIII _____   f) MM CC XX VI _____

3. **Escribe con números romanos las siguientes cantidades:**

a) 1874 _____   b) 428 _____

c) 2 967 _____   d) 1649 _____

e) 3 102 _____   f) 999 _____

4. **Al investigar acerca del arte italiano, Mónica encontró datos interesantes que a continuación te mostramos. Escribe con números arábigos la cantidad que representa el número romano.**

a) Miguel Ángel nació en el año MCDLXXV. _____

b) Miguel Ángel talló La Piedad para el Vaticano en MCDXCVIII. _____

c) Miguel Ángel pintó El juicio final en la Capilla Sixtina entre MDXXXVI y

MDXLI. _____ y _____ ¿Cuántos años se tardó? _____

5. **¿Cuál es el número más grande que podrías escribir con los números del siguiente recuadro?**

X X X I C M L

a) Respuesta: _____ ¿Y el más chico?

R = _____

b) ¿Qué números decimales representan?

R = _____ y _____

c) Cuando cambiaste la "M" de lugar en las cantidades, ¿cambió su valor? ¿Por qué? R = _____

_____

_____ ¿Podría ocurrir lo mismo con el sistema decimal?

¿Por qué? R = _____

_____

Debajo de uno

1. **En las competencias deportivas, muchas veces los primeros lugares se definen por centésimas de segundo. Tal es el caso de los 100 metros en natación. En las competencias del año pasado el primer lugar hizo 46.91 segundos y el segundo lugar 47.03 segundos.**

a) Escribe el tiempo en el que hubiera llegado una persona entre el primero y segundo lugar.

_____

_____

Disponible en: http://es.wikipedia.org/wiki/Plusmarcas_mundiales_de_natacion

b) Marca estos tiempos en la recta numérica:

46   47

2. **Usando los signos < o > compara los tiempos registrados en algunas competencias.**

0.56 _____ 0.7   1.3 _____ 1.35   5.678 _____ 5.675

0.3 _____ 0.299   0.098 _____ 0.2   3 _____ 1.897

3. **Los promedios de Fernanda durante su primaria han sido: 1° 8.09, 2° 9.15, 3° 8.1, 4° 9.2, 5° 8.9. Ordena las calificaciones de mayor a menor:**

_____ > _____ > _____ > _____ > _____

4. **¿Cuál es la diferencia entre las siguientes cantidades?**

a) Entre 0.2 y 0.098 = _____

b) Entre 4.025 y el siguiente entero = _____

c) Entre 3.3 y 3.006 = _____

5. **Encierra los números que están entre 2.5 y 2.6:**

2.45   2.52   3.56   2.58   1.5

Un **entero o unidad** = 10 décimos = 100 centésimos = 1000 milésimos.

$$\frac{1}{10} = 0.1, \frac{1}{100} = 0.01,$$

$$\frac{1}{1000} = 0.001$$

1 décimo = 10 centésimos = 100 milésimos.
1 centésimo = 10 milésimos.

6　Realiza las siguientes conversiones

a) $\frac{25}{10} =$ _____ centésimos

b) $\frac{87}{100} =$ _____ milésimos

c) $\frac{3500}{100} =$ _____ décimos

d) $1.4 =$ _____ centésimos

e) 932 milésimos = _____ décimos

7.　Contesta las siguientes analogías.

a) $\frac{10}{10}$ son a una unidad, como _____ centésimos son a 2 unidades.

b) _____ unidades son a 7000 milésimos como 5 unidades son a _____ décimos.

c) $\frac{10}{100}$ son a $\frac{1}{10}$ como $\frac{1}{10}$ es a $\frac{1}{1000}$.

8.　Encuentra qué números de los óvalos se forman con el desarrollo de los números que están en los rectángulos. Ilumina la respuesta del mismo color que el rectángulo correspondiente.

$40 + 6 + 0.03 + \dfrac{4}{1000}$	4.634
$\dfrac{40}{10} + \dfrac{3}{100} + .004$	463.04
$\dfrac{40}{10} + \dfrac{3}{10} + .004$	46.034
$40 + 6 + 3 + \dfrac{4}{100}$	46.304

¿De dónde sale la energía eléctrica?

La **electricidad** siempre fluye a través del camino que ofrezca la menor resistencia. Debido a su alto contenido de agua y electrolitos, el cuerpo humano presenta poca resistencia a las corrientes eléctricas.

1. **Escribe en las líneas el nombre de cada elemento que constituye una central térmica. Los nombres se enlistan a continuación.**

   Caldera, turbinas, generador, transformador, condensador, bombas, chimenea y torre de refrigeración

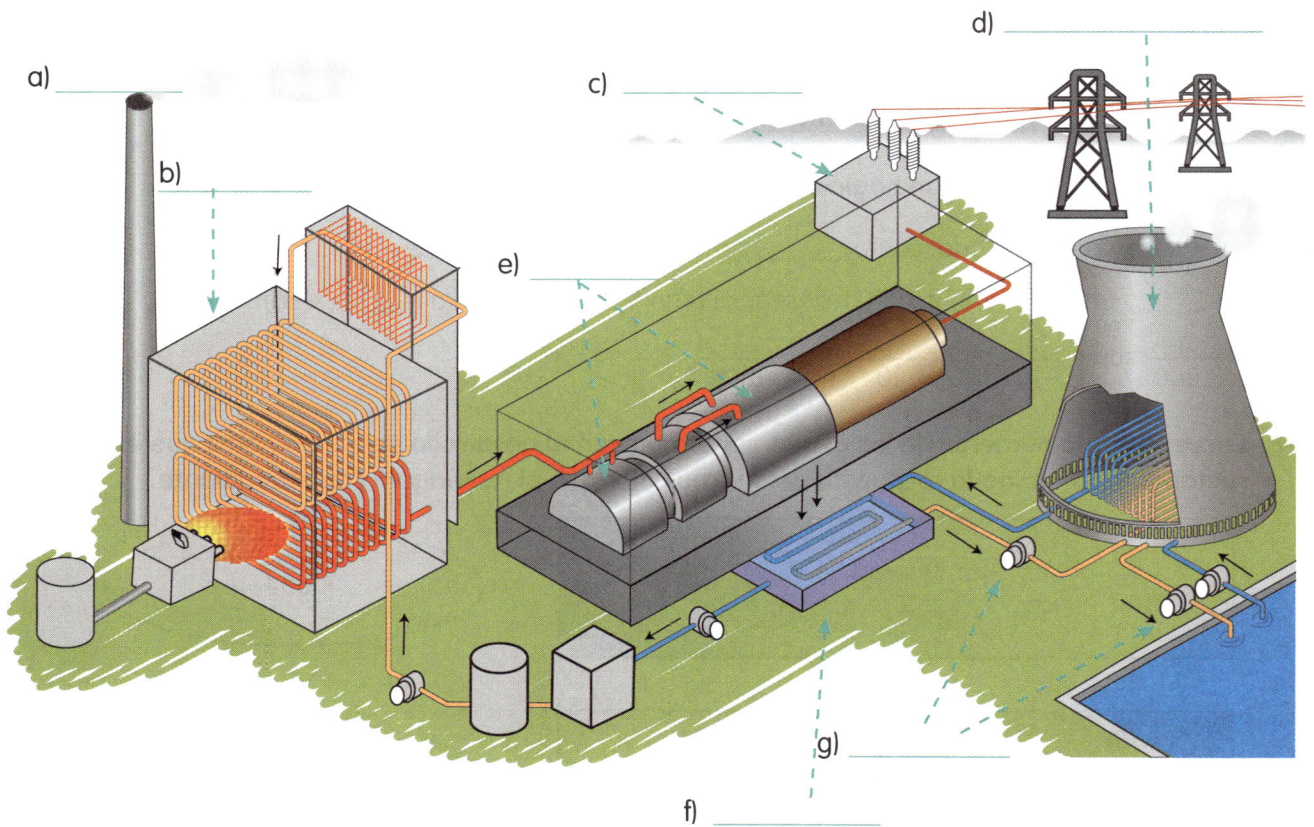

a) _____

b) _____

c) _____

d) _____

e) _____

f) _____

g) _____

2. **Haz la descripción del proceso de generación de energía eléctrica en una central térmica.**

_____

_____

_____

_____

Caliente... caliente...

La **energía** se define como la capacidad que posee un sistema para producir un trabajo o calor. Existen distintos tipos de energía y ésta se presenta de múltiples formas.

1. **En cada propuesta escribe el tipo de energía que se suministra y el tipo en que se transforma.**

Energía suministrada...　　　　　　　　　　　...que se transforma en energía

a) _____

b) _____

c) _____

d) _____

e) _____

f) _____

49

Densidad de la población

El total de habitantes registrados en los censos de un país indica la población absoluta de su territorio. Para analizar qué tan concentrada o dispersa está la población en un lugar, se divide el total de la población entre la extensión del territorio, con lo cual se obtiene la **población relativa o densidad de población**. En las zonas con mayor densidad de población los servicios pueden llegar a ser insuficientes, mientras que en lugares con poca densidad o con población dispersa se dificulta proporcionar los servicios básicos de salud, educación y comunicación.

1. **En el mapa están destacados 11 de los países más poblados del mundo y cinco con poca población. Revisa los datos que se incluyen como referencia: bandera, extensión territorial, población absoluta y población relativa.**

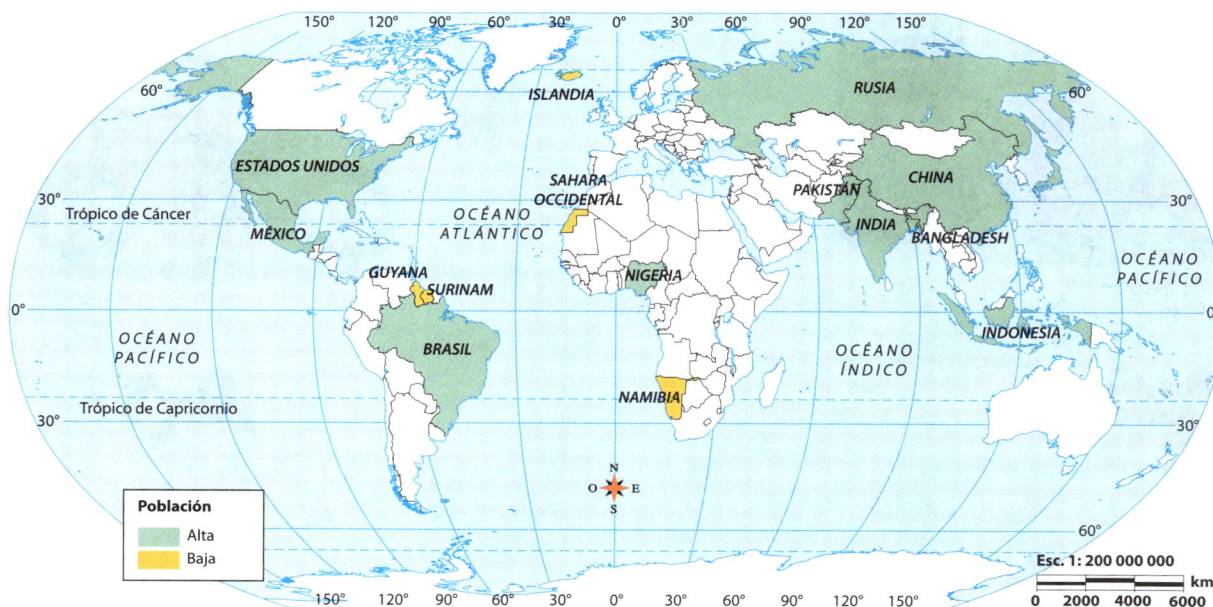

Países con mayor y menor población absoluta a mediados de 2010 (ONU).

	País/Bandera	Continente	Superficie o área (km²)	Población absoluta	Densidad de población (Hab./km²)
1	China	Asia	9 574 000	1 354 146 000	141
2	India	Asia	3 166 414	1 214 464 000	384
3	Estados Unidos	América	9 363 364	317 641 000	34
4	Indonesia	Asia	1 922 570	232 517 000	121
5	Brasil	América	8 514 047	195 423 000	23

6	Pakistán		Asia	796 095	184 753 000	232
7	Bangladesh		Asia	147 570	164 425 000	1 114
8	Nigeria		África	923 768	158 259 000	171
9	Rusia		Asia	17 075 400	140 367 000	8
10	Japón		Asia	377 873	126 995 000	336
11	México		América	1 959 248	112 322 757	57
12	Namibia		África	825 118	2 212 000	3
13	Guyana		América	215 083	761 000	4
14	Sahara Occidental		África	252 120	530 000	2
15	Surinam		América	163 820	524 000	3
16	Islandia		Europa	102 819	329 000	3

Fuente: http://es.wikipedia.org/wiki/Anexo:Países_por_densidad_de_población (enero 20, 2010), 1 México. Resultados preliminares, censo 2010 en: http://www.inegi.org.mx/ (enero20, 2010)

2. **Responde las siguientes preguntas empleando letra *cursiva*.**

a) ¿Cuál de los países destacados en el mapa tiene mayor población absoluta? _____

b) ¿Qué país tiene una mayor población relativa? _____

c) Compara la extensión territorial de los dos países que registraste. Explica cuál de los dos países crees que enfrenta mayores problemas para atender las necesidades de su población como: abasto de agua potable, escuelas y vivienda. _____

_____

_____

_____

d) ¿Por qué crees que Bangladesh, teniendo menor territorio, tiene mayor población absoluta y relativa que Namibia? _____

_____

¿Qué son las instituciones?

Como recordarás, cuando México logró su independencia, el desorden político y los conflictos por la lucha del poder fueron su características en los primeros años. Algo similar ocurrió después de la Revolución Mexicana.

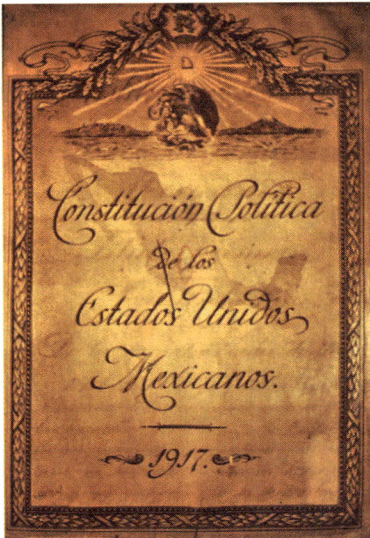

Uno de los logros de la Revolución Mexicana es la Constitución de 1917, que entre otros artículos, establecía que no habría reelección.

1. **¿Cuál es la importancia de la Constitución de 1917?**

_____

_____

_____

2. **¿Por qué es importante obedecer las leyes para garantizar la convivencia social?**

_____

_____

_____

El 5 de febrero de 1917 se promulgó la nueva Constitución, cuyo principal fin en ese entonces era legitimar al gobierno de Carranza, quien de primer jefe pasó a ser Presidente Constitucional de la República, mediante elecciones celebradas unos meses después.

3. **¿Quién fue el presidente en 1917, una vez que la Constitución Mexicana entró en vigor con los cambios realizados?**

_____

_____

4. **Subraya con rojo los principales problemas que tuvo este presidente al gobernar.**

a) La Constitución Política no tenía el apoyo de los principales países europeos.

b) Legisladores y gobernadores se opusieron a sus iniciativas.

c) Obreros y campesinos estaban muy inconformes por la crisis en la que vivían.

d) Hubo fraude en las elecciones y no las hicieron válidas.

e) Estados Unidos retiró su apoyo.

f) A través de un movimiento armado se desconoce su gobierno.

g) La población había disminuido por tantas muertes.

5. Anota tres características del gobierno de Álvaro Obregón.

_____

_____

_____

_____

Álvaro Obregón　　　　　Venustiano Carranza　　　　　Plutarco Elías Calles

6. Anota tres características del gobierno de Plutarco Elías Calles.

_____

_____

7. Con estos datos, explica las causas principales de la lucha por el poder entre estos y otros caudillos.

_____

_____

_____

8. En la actualidad hay diversos partidos políticos. ¿Cuáles conoces?

_____

_____

Caudillo es un término empleado para referirse a un líder ya sea político, militar o ideológico. En México se usa ese término para los líderes que gobernaron después de la Revolución Mexicana.

Siempre se puede dialogar...

1. Descubre las 10 diferencias que hay en los dibujos.

2. En la escena que acabas de observar hay varias situaciones de violencia. Identifica algunas y escríbelas con letra *cursiva*.

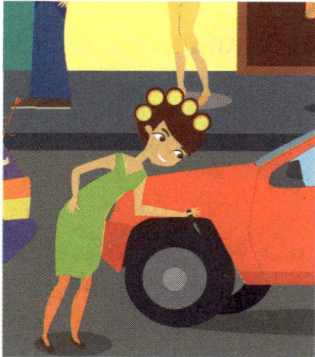

_____

_____

_____

_____

_____

_____

3. ¿Cómo resolverías algunos de los conflictos que describiste?

_____

_____

_____

_____

_____

_____

_____

4. Realiza un dibujo con tu propuesta. Le puedes poner diálogo.

Muchas veces los **conflictos** no se resuelven por **falta de comunicación** y debido a esto se llega a la violencia y los daños que la violencia ocasiona no siempre se pueden reparar.

El murciélago emplumado

La leyenda del murciélago
(Oaxaca)

Cuenta la leyenda que el murciélago una vez fue el ave más bella de la Creación.

El murciélago al principio era tal y como lo conocemos hoy y se llamaba biguidibela (biguidi = mariposa y bela = carne), lo que sería algo así como mariposa en carne o desnuda.

Un día frío subió al cielo y le pidió plumas al Creador, como había visto en otros animales que volaban. El Creador no tenía plumas, así que le recomendó bajar de nuevo y pedir una pluma a cada ave. Y así lo hizo el murciélago, eso sí, recurriendo solamente a las aves con plumas más vistosas y de más colores.

Cuando acabó su recorrido, el murciélago tenía un gran número de plumas que envolvían su cuerpo.

Consciente de la belleza de su plumaje, volaba y volaba mostrándola orgulloso a todos los pájaros, que paraban su vuelo para admirarle.

Pero era tanto su orgullo que la soberbia lo transformó en un ser cada vez más ofensivo a la vista de las aves. Con su continuo pavoneo, hacía sentirse chiquitos a cuantos estaban a su lado, sin importar las cualidades que ellos tuvieran.

Cuando el Creador vio que el murciélago no se contentaba con disfrutar de sus nuevas plumas, sino que las usaba para humillar a los demás, le pidió que subiera al cielo, donde también se pavoneó y aleteó feliz. Aleteó y aleteó mientras sus plumas se desprendían una a una, descubriéndose de nuevo desnudo como al principio.

Durante todo el día llovieron plumas del cielo y desde entonces el murciélago permanece desnudo, retirándose a vivir en cuevas y olvidando su sentido de la vista para no tener que recordar todos los colores que una vez tuvo y perdió.

http://www.redmexicana.com/leyendas/

1. De acuerdo con esta leyenda ¿Por qué el murciélago vive ahora escondido en las cuevas?

_____

_____

2. ¿Qué elementos reales tiene esta leyenda?

_____

_____

3. ¿Qué elementos fantásticos tiene esta leyenda?

_____

_____

4. Imagínate cómo era el murciélago con esas bellas plumas. Haz una detallada descripción de cómo crees que sea. Emplea frases adjetivas y metáforas para hacerlo.

_____

_____

5. Ahora haz una descripción del murciélago que conoces comparándolo con un quetzal.

_____

_____

6 Explica cómo es la relación del quetzal, como cualquier ave, con el entorno que los rodea y con los otros seres vivos.

_____

_____

7 Hay murciélagos que pesan 10 gramos. ¿Cuántos murciélagos se necesitan para que juntos pesen 1 kilogramo? _____

57

¡Qué familia!

1. Observa parte de la familia de palabras que se forma a partir de *saber*.

Saber ⟶ sabiduría ⟶ sabio ⟶ sabihondo ⟶ saberes

2. Con base en lo anterior, explica por qué *savremos* está mal escrita.

_____

_____

3. Cruza con ✗ las palabras de la familia de *división* que estén mal escritas. Cópialas, ya corregidas, en las líneas.

- El número 81 es divisible entre 9.
- Una dibisión está formada por dividendo, dibisor, cociente y residuo.
- La frontera entre dos países es una línea divisoria imaginaria.
- El Diccionario de la Lengua Española de la Real Academia dice que la divisivilidad es la propiedad general de los cuerpos, por la cual pueden fraccionarse.

_____   _____   _____

4. Las palabras están desordenadas. Cópialas en las líneas correspondientes para que formen familias. Fíjate en su ortografía.

Habitáculo   Almacenaje   Cesto

      Encestar   Habitación

Cestería   Hábitat   Almacenar

      Habitante   Cestero

Almacenamiento

_____   _____

Cesta

_____   _____

_____   _____   _____   _____

Almacén   **Habitar**

_____   _____

El lenguaje de la radio

1. **Para conocer los elementos de un guión, pon la letra que corresponda en las expresiones de la columna de la derecha. Si es necesario, revisa el guión radiofónico que se encuentra en tu libro de texto gratuito.**

A. Voz o voz en off

(   ) Persona que realiza los cambios musicales cuando el guión radiofónico así lo indica.

B. LOC.

(   ) Música suave que se escucha mientras los locutores hablan.

C. Cortinilla

(   ) Salida del tema bajando lentamente el volumen.

D. Fondo musical

(   ) Abreviatura de Locutor. Persona que habla ante el micrófono en las estaciones de radio o televisión. Cuando hay más de un locutor, se complementa la abreviatura con un número.

E. Fade in

(   ) La voz o voces que permanecen sin fondo musical o sin efectos sonoros.

F. Fade out

(   ) Sonido.

G. Audio

(   ) Entrada del tema subiendo lentamente el volumen.

H. Operador

(   ) Música o sonido empleado para cambiar de escena o como separador de contenidos.

2. **Lee esta parte del guión y con ayuda del glosario, escribe en las líneas el nombre de cada elemento.**

Operador

Audio

a) Fade _____

b) _____: Buenos días México, con Mariana Romero.

c) Entra música de introducción:10 seg.

Entra _____: 5 seg.

d) _____: Bienvenidos a nuestra emisión especial por el día de Reyes. Son las 9 de la mañana en la capital mexicana y... ¡Comenzamos!

Para unir o comparar... ¡nexos debes utilizar!

1. **Subraya la frase que describa qué son y para qué se usan los nexos.**

   a) Son frases que indican la posición de un objeto.
   b) Son palabras o expresiones que se usan para unir dos ideas o compararlas.

2. **Circula los nexos que encuentres en este párrafo.**

   En mi escuela, la mayoría de los alumnos aprobaron la prueba ENLACE, pero en la de mi primo solamente 60%.

3. **Observa las siguientes gráficas o tablas y escribe una frase explicativa en la que utilices por lo menos uno de los nexos o expresiones del recuadro.**

En cambio	Pero	Una parte	Algunos	Otros
Todos	Solamente	Pues	Como esperábamos	La mayoría

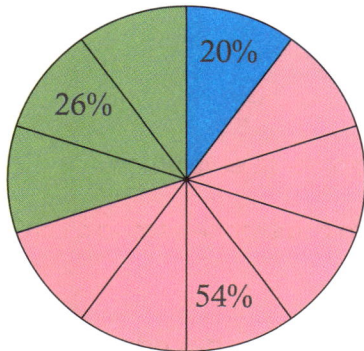

- 20% Documentales
- 54% Caricaturas
- 26% Series

a) _____
_____
_____
_____

¿Cuál de los festivales fue el más divertido?

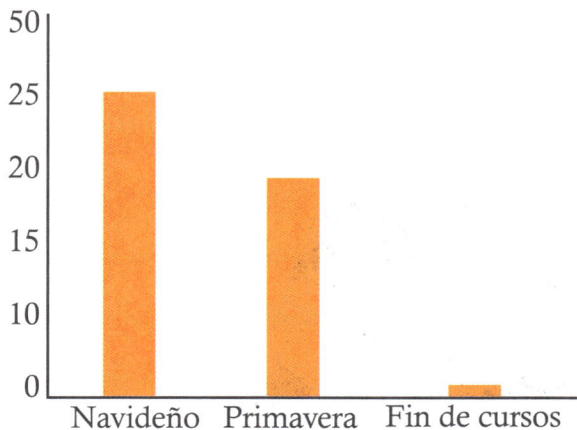

Navideño   Primavera   Fin de cursos

b) _____
_____
_____

La información ayuda a mejorar

1. **Sigue estos pasos y termina de escribir este breve reporte de investigación:**

- Observa la siguiente tabla.

Edades de los informantes del parque de diversiones Five Flags.

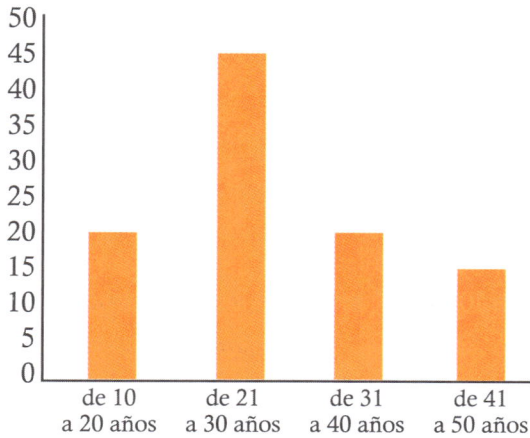

- Escribe los datos que hacen falta para completar el párrafo de la introducción.

- Escribe un párrafo explicativo para cada pregunta.

Los juegos del parque son…

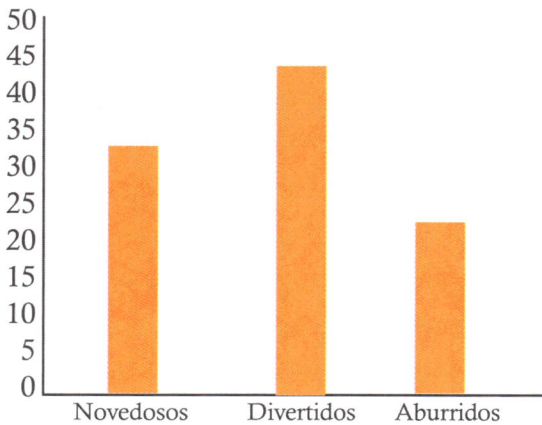

El personal que lo atendió fue...

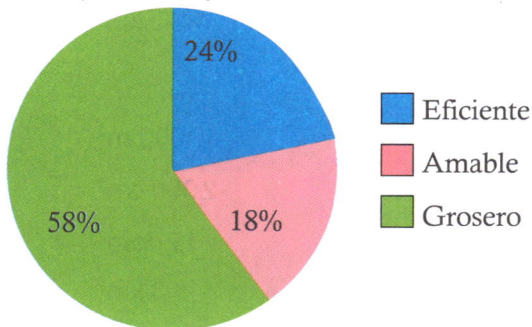

- Eficiente
- Amable
- Grosero

Introducción

a) La encuesta se aplicó a ____ personas a la salida del parque de diversiones _____, para _____ _____

Desarrollo

b) _____
_____
_____
_____
_____
_____
_____

c) _____
_____
_____
_____
_____
_____
_____

d) _____
_____
_____
_____
_____
_____

Conclusiones

e) _____
_____
_____
_____
_____

Para medir superficies

1. **Observa el siguiente cuadrado y responde:**

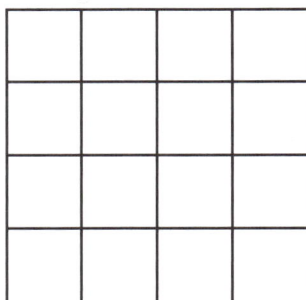

Su área es de: _____ centímetros cuadrados. Si 1 cm² es igual a 100 mm², entonces este cuadrado tiene

_____ milímetros cuadrados.

2. **Analiza las superficies de los países de América. Recuerda los múltiplos y submúltiplos del metro cuadrado.**

El **metro cuadrado** es la unidad principal de las medidas de superficie. Las unidades de superficie aumentan de 100 en 100.

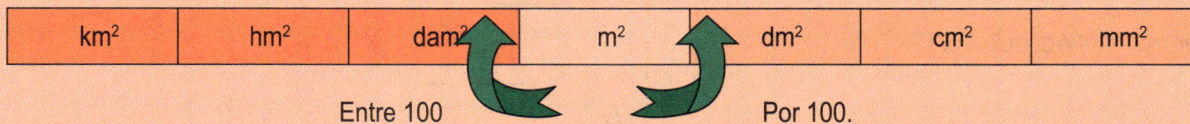

km²	hm²	dam²	m²	dm²	cm²	mm²

Entre 100   Por 100.

Los símbolos de estas unidades de medida se escriben con minúscula, no tienen plural y no llevan punto (se escribe, por ejemplo, 50 m, no 50 M ni 50 ms ni 50 ms.).

a) Guatemala tiene una superficie de 108 890 km² = _____ hm²

b) Costa Rica mide 51 100 km² = _____ dam²

c) La isla de Cuba tiene 11 086 000 hm² = _____ km²

d) Belice tiene una extensión de 229 600 000 m² = _____ km².

e) ¿Cuál de estos países tiene mayor superficie? _____.

3. **Subraya la respuesta correcta.**

a) 1 km² =	1000 m²	100 m²	1 000 000 m²	10 000 m²
b) 2 m² =	20 000 cm²	200 cm²	20 cm²	2 000 cm²
c) 15 hm² =	15 dam²	150 dam²	1500 dam²	15 dam²
d) 8 000 000 m² =	80 km²	800 km²	8 000 km²	8 km²

4. **Juan compró varios terrenos de una hectárea. A Juan le informan que 1 hectárea = 1 hectómetro cuadrado.**

Por lo tanto, la superficie de cada terreno será de: _____ metros cuadrados.

En la agricultura, para medir extensiones de campo, se utilizan como medidas de superficie la **hectárea** y el **área** y son equivalentes a las siguientes medidas de superficie:

hm²	dam²
Hectárea (ha)	Área (a)
1 ha = 100 áreas = 10 000 m²	

5. **Teniendo estas equivalencias en cuenta, resuelve los siguientes problemas.**

a) Juan iniciará la construcción de una granja de 8.8 ha, si va a repartir el terreno en secciones de 40 áreas, ¿cuántas secciones podrá tener?

Conversión   Operación

_____

Resultado = _____

b) Juan usará otro terreno de 2 ha para agricultura. En 5 000 m² sembrará verduras, 85 áreas las usará para frutas y el resto se utilizará para sembrar maíz. ¿Cuántos m² se usarán para maíz?

Conversión   Operación

_____   _____

                    _____

Resultado = _____

Al resolver un problema todos los **datos** deben tener las **mismas unidades**.

Busco razones...

Una **razón** es la comparación entre dos cantidades por medio de una división.

1. **Luis y sus amigos quieren ir a festejar que ganaron un concurso. Expresa con una razón las actividades que quieren realizar considerando que hay 36 alumnos en el salón.**

   a) 12 niños de 36 quieren ir al cine. ¿Cómo lo expresarías con una razón? _____.

   b) Si $\frac{3}{8}$ del grupo prefiere patinar, ¿cuántos niños quieren patinar? _____ .

   c) La parte restante del grupo quiere ir al zoológico. Exprésalo con una razón. _____.

   Investigaron costos y si había promociones y esto fue lo que encontraron:

   PATINAJE SOBRE HIELO

   ENTRADA $50

   Por cada 10 niños, 2 entran gratis

   CINEMA "EL ESTELAR"

   ENTRADA $50

   Niños 10% de descuento

   zoológico

   Entrada $50

   Paga 4 entradas y el 5o entra gratis

2. **Observa las promociones que encontraron y contesta las preguntas.**

   a) ¿Cómo expresarías la promoción de la pista de hielo con una fracción? _____.

   b) ¿Cuántos niños entrarían gratis a patinar? _____.

   c) ¿Cómo expresarías tu respuesta del inciso *b* con una razón? _____.

   d) Si sólo va la mitad del grupo, ¿cuántos niños entrarían gratis? _____.

   e) ¿Cómo lo expresarías con una razón? _____.

   f) Si van al cine, ¿cuántos pesos descuentan por cada boleto? _____.

   g) ¿Cómo lo expresarías con una razón? _____.

   h) ¿Cómo expresarías con una razón la promoción del zoológico? _____.

   i) Explícalo con palabras: _____ .

   j) ¿En cuáles lugares la promoción es la misma? _____.

   k) Explica tu respuesta _____

   _____

   _____.

   l) Tacha el lugar o lugares a los que les conviene más ir.

El tiempo pasa

1 min = 60 segundos, 1 hora = 60 minutos, 1 día = 24 horas, 1 semana = 7 días, 1 mes = 30 días, 1 año = 365 días, 1 año = 12 meses, 1 lustro = 5 años, 1 década = 10 años, 1 siglo = 100 años, 1 milenio = 1000 años.

1. **Completa el crucigrama con las unidades de tiempo que utilizarías en cada caso.**

   a) Unidad que determina al ganador en una competencia:
   b) Unidad para determinar la edad de un bebé que no camina.
   c) Unidad para mencionar una época que dura 10 años.
   d) Unidad para expresar el tiempo que ha vivido una persona.
   e) Unidad para expresar el tiempo transcurrido en una hora.
   f) Unidad para expresar el periodo de 100 años.

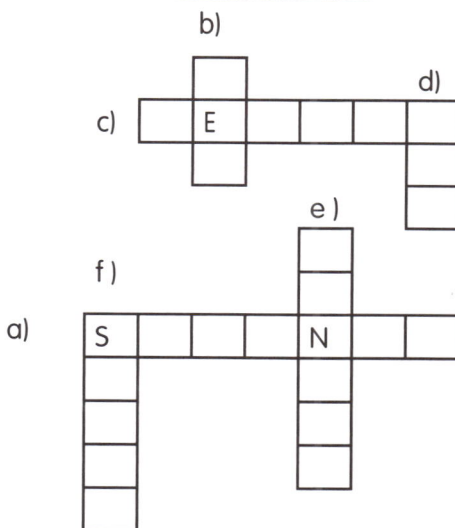

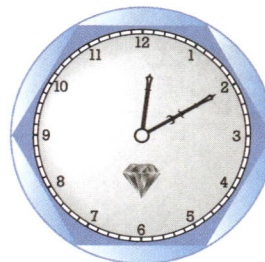

2. **Completa las siguientes analogías.**

   a) 3 horas son a 180 minutos como 1 día es a _____ minutos.

   b) 1 año es a _____ días como _____ años son a 15 lustros.

   c) 10 décadas son a _____ años como 1 siglo es a _____ lustros.

65

La Luna, satélite natural de la Tierra

La **Luna** siempre atrajo la mirada del hombre por ser el objeto más brillante del cielo después del Sol. Casi todos los pueblos antiguos la asociaron con lo femenino, tal vez porque la duración del mes lunar y el ciclo de fecundidad de las mujeres eran muy parecidos.

La **Luna** es un satélite natural que gira alrededor de la Tierra; completa un ciclo de rotación y traslación cada 28 días. Juega un papel importante en las mareas y eclipses.

1. **Une cada imagen de las fases de la Luna con su descripción.**

I

a) Luna nueva: la Luna está entre la Tierra y el Sol, la cara que mira a la Tierra queda de espaldas al Sol.

II

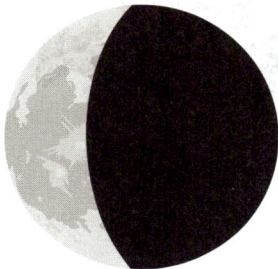

b) Cuarto creciente: la Luna, la Tierra y el Sol forman un ángulo recto, por lo que se puede observar la mitad de la Luna, en su periodo de crecimiento.

III

c) La Luna llena ocurre cuando La Tierra se ubica entre el Sol y la Luna; ésta recibe los rayos del Sol en su cara visible, por lo tanto, se ve completa.

IV

d) Cuarto menguante: los tres cuerpos vuelven a formar ángulo recto, por lo que se puede observar en el cielo la otra mitad de la cara lunar. Las fases de la luna son las diferentes iluminaciones que presenta nuestro satélite en el curso de un mes.

¡Somos tan pequeños!

En el **universo**, el sistema astronómico al cual pertenece la Tierra tiene por centro la gran estrella que conocemos como Sol, alrededor de la cual giran todo un conjunto de cuerpos celestes integrado por ocho planetas, 27 satélites y más de 100,000 asteroides

1. **En el esquema del Sistema Planetario Solar escribe en los recuadros el nombre de cada planeta.**

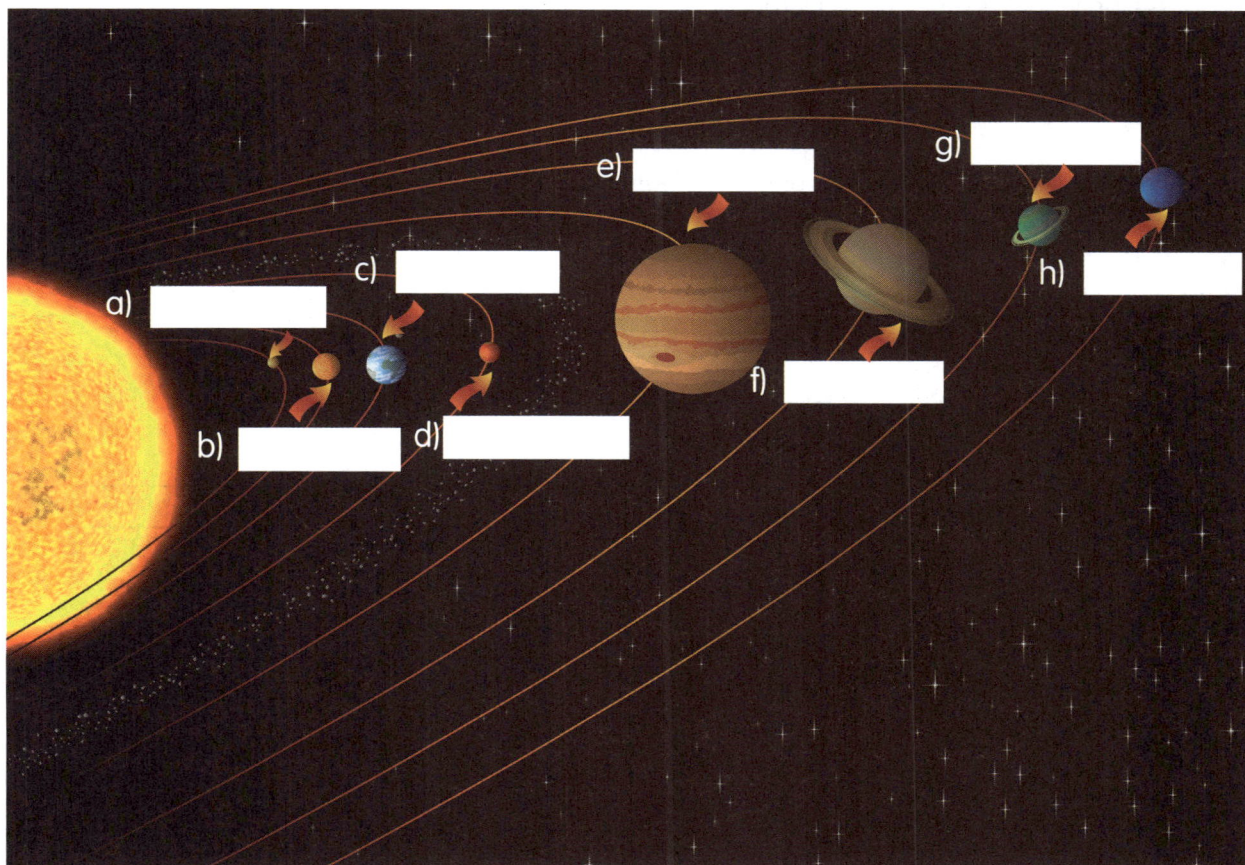

2. **Reflexiona y contesta con letra** *cursiva* **la siguiente pregunta.**

- ¿Qué características de nuestro planeta favorecen la vida en él?

_____

_____

¿Cómo se vende lo producido?

El transporte, las comunicaciones y el comercio no son productos materiales tangibles; son servicios cuya función es contribuir a dar mantenimiento, distribuir y comercializar lo que produce el sector primario y lo que se fabrica en el sector secundario. **Actividades terciarias** como la dirección de empresas; la investigación de mercado, la capacitación y selección de personal; el estudio de mercado; la publicidad, la seguridad y la vigilancia, contribuyen a mejorar los procesos productivos del sector primario y secundario. El comercio minorista y el informal también forman parte de las actividades terciarias y, aunque no contribuyen al proceso productivo, acercan los productos al consumidor final.

1. **Identifica las actividades económicas que se llevan a cabo en tu comunidad. Clasifícalas y regístralas en el siguiente cuadro. Fíjate en los ejemplos.**

Servicio	Actividades laborales
a) Dirección y administración	Gerencia, _____, _____, _____
b) Distribución de productos	Agente de ventas, _____, _____, _____
c) Transporte de personas	Conductor, _____, _____, _____
d) Circulación de información	Ingeniero en sistemas, _____, _____, _____
e) Mantenimiento y seguridad en las empresas	Vigilante, _____, _____, _____
f) Mantenimiento y seguridad en el hogar	Mantenimiento y reparación de instalaciones eléctricas, _____, _____, _____
g) Cuidado personal	Salas de belleza, _____, _____, _____

¿Cómo viven las personas?

La esperanza de vida, el nivel educativo y los ingresos económicos que reciben las personas en promedio durante un año son algunos de los indicadores que la ONU considera para determinar si la población de un país tiene una **calidad de vida** muy alta, alta, media o baja.

1. **En el mapa están destacados 13 de los 223 países registrados en el Informe sobre Desarrollo Humano 2010 de la ONU. Revisa los datos incluidos en la simbología y completa el cuadro empleando letra** *cursiva***.**

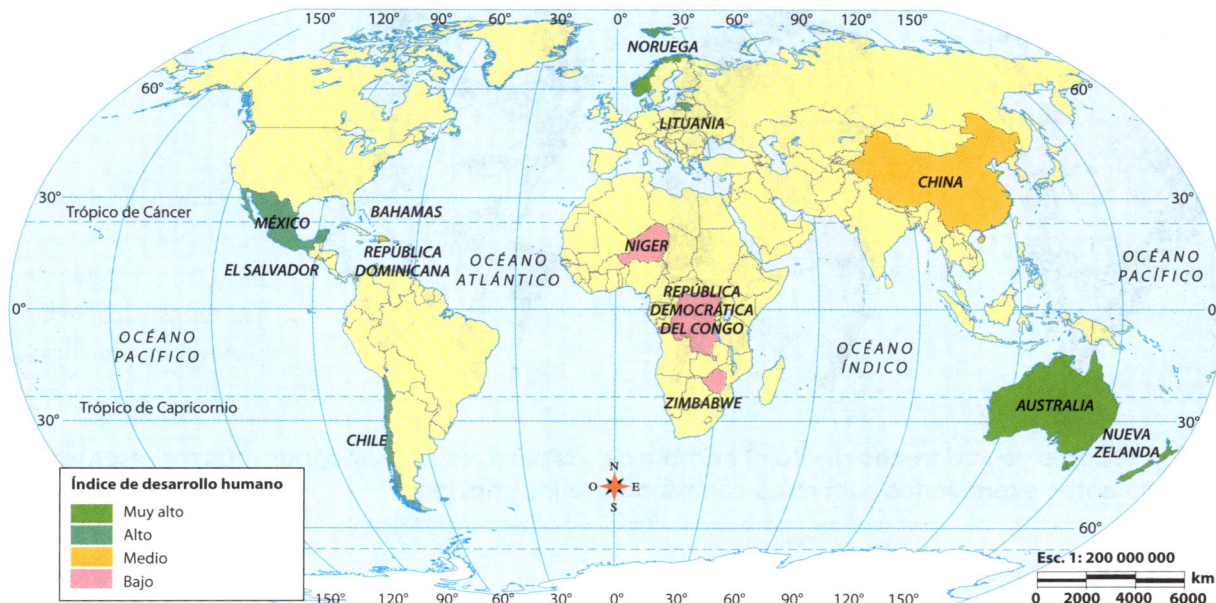

Clasificación de países por sus índices de desarrollo humano. Informe 2010. ONU			
a) Muy alto	b) Alto	c) Medio	d) Bajo

2. **Elige un país de cada grupo e indaga los datos que se incluyen en el siguiente cuadro. Puedes consultar en la siguiente dirección electrónica:** *http://hdr.undp.org/es/estadisticas/* **o en algún otro sitio de internet.**

Datos del país por Índice de Desarrollo Humano.				
Indicador	a) Muy alto	b) Alto	c) Medio	d) Bajo
Nombre del país				
Continente en el que se localiza				
Esperanza de vida (años)				
Años de educación promedio				
Ingresos anuales por persona (dólares)				

La riqueza económica por sí misma no es suficiente para que un país ofrezca un buen **nivel de vida** a su población, es necesario que también cuenten con acceso a la educación en todos los niveles educativos y que las condiciones de alimentación y salud sean las adecuadas para garantizar que permanecerán sanos desde el nacimiento hasta la vejez.

La cultura

En México los **medios de comunicación** influyen fuertemente en la manera de asimilar la cultura, así como el contacto cada vez más cercano con otras culturas debido a la globalización. En las últimas décadas nuestra cultura está siendo más reconocida que nunca, tal es el caso de la música, el cine y los deportes, entre otros.

Lila Downs, cantante; Paola Espinosa, clavadista, y Alfonso Cuarón, cineasta, son mexicanos que han alcanzado el reconocimiento a nivel mundial.

1. **En los cuadros de la derecha anota el nombre de los personajes mexicanos más representativos de las siguientes expresiones culturales con renombre internacional.**

   a) **Cine**

   b) **Teatro**

   c) **Danza**

   d) **Música**

   e) **Deportes**

   f) **Ciencia**

Solidaridad ante el desastre

En México los desastres naturales como en cualquier parte del mundo son una realidad constante: terremotos, inundaciones, sequias, deslaves y huracanes principalmente. Ante estos hechos la respuesta de las autoridades ha sido muy variable y a veces tardía, sin embargo la **participación** y **solidaridad** ciudadana se ha dejado sentir con toda su fuerza.

1. Observa las imágenes de algunos de los desastres naturales más devastadores de México en los últimos tiempos.

2. Busca información de estos desastres en internet, bibliotecas o hemerotecas y contesta lo siguiente:

    a) ¿Qué estado fue el más afectado por el huracán Gilberto y en qué año sucedió? _____

    b) ¿En qué año se registró el terremoto de la ciudad de México de 8.1°? _____

    c) Menciona al menos tres estados con mayor número de sequias de todo el país,._____
    _____

    d) ¿En que estado y que año las lluvias intensas desbordaron los ríos Grijalva, Usumacinta, Carrizal, Mazcalapa? _____

    e) El desastre natural más costoso en México con un valor en daños calculado en 1 700 millones de dólares, ocurrió en el 2005 ¿cuál fue la causa? _____

3. Investiga que es el Sistema Nacional de Protección Civil y cuáles son sus facultades.

Dialogando nos tomamos en cuenta

1. Con ayuda del cuadro de coordenadas que está más abajo descifra las frases siguientes.

_____

C11 H3D1 D24 A16I25G13 E19 F8A4E6 B21 C11 D24I10A25B9

_____

E14H20F2: C5F23 D24 C17 G17A13 H15A19H7I1 D24 E11D15A7

_____

G10D21G5: A1H3D9I1 D24 E17 B23G22 E19 G10B15C3 I17
C13E25A10

Con tu credencial de elector puedes votar

Casilla

	A	B	C	D	E	F	G	H	I
1	CON			MA					DAD
2						GIO			
3			VER					FOR	
4	XI								
5			VO				SO		
6					CO				
7	GIR							CI	
8					ME				
9		CIA		MI					
10	DO						DI		MO
11			LA		E				
12									
13	NE		A				NO		
14					SU				
15		SOL		LE				CA	
16	GO								
17			QUIEN		LAS		TIE		UN
18									
19	PA				EN				
20								FRA	
21		ES		SEN					
22							TES		
23		PAR				TO			
24				DE					
25	CRA				CUER				BIER

2. Escribe un ejemplo de lo que es disenso.

_____

_____

Aprender a **tomar decisiones** ahora, nos prepara para saber elegir en un futuro lo que es mejor para todos.

Violencia genera violencia

1. **Diviértete jugando gato, pon atención a las siguientes instrucciones:**

   I. A las siguientes frases ponles una "P", si la acción fomenta la paz y una "V" si genera violencia.
   II. En las líneas de abajo elabora la última frase, ya sea de paz o de violencia, pero que no se repita ni se parezca a las que ya están.
   III. Juega poniendo las frases y rellenando el cuadrito respectivo.

   Mira el siguiente ejemplo:

   Que una niña consuele a un niño P
   Que dos niños se estén peleando V

   Que una niña consuele a un niño [P]

   Que dos niños se estén peleando [V]

   a) Que una niña cuide sus juguetes. _____
   b) Que unos adolescentes se diviertan pegándole a un perro. _____
   c) Que un niño comparta su torta con otro niño. _____
   d) Que una niña le mete el pie a otra niña y se burle de ella. _____
   e) Que una joven le ayude a atravesar la calle a un anciano. _____
   f) Que un niño le quite la silla a otro justo cuando se va a sentar. _____
   g) Que una señora le dé un chocolate a su esposo cuando llegue cansado. _____
   h) Que un joven insulte y le grite a su novia. _____

   _____
   _____
   _____

La violencia se va generando desde lo pequeño, al igual que la paz. **Promueve la paz** para que se multiplique.

73

Lo que bien se aprende...

1. **Relaciona las columnas uniendo con líneas cada situación con los conocimientos que pueden ayudar a superarla. Puedes repetir los que creas necesarios.**

Identificar la proa, la popa, estribor y babor.

Orientarse con las estrellas.

Saber hacer nudos náuticos.

Saber frases básicas del idioma que se habla en el país que se visita.

Encontrar un rastro.

Conducir un auto con el piso congelado.

Ubicar los puntos cardinales.

Utilizar un radio transmisor.

Saber nadar.

Tener conocimientos sobre primeros auxilios.

Saber cómo proteger los ojos y la piel del brillo de la nieve.

Elegir el tipo de ropa apropiado para la nieve.

Hacer fuego sin utilizar cerillos.

Montar un refugio con palos y hojas.

Obtener agua del rocío en las plantas.

Combatir el mareo.

Perderse en un bosque y tener poco equipo.

Viajar en un velero durante las vacaciones.

Visitar Canadá en invierno para ir a esquiar.

2. **Subraya los conocimientos que ya posees de la actividad 1.**

3. **Escribe cuatro cosas que te gustaría aprender. Pueden ser algunas de las que aparecen en la primera actividad u otras que consideres importantes. Comenta con tus papás la posibilidad de aprenderlas.**

a) _____ b) _____

c) _____ d) _____

Relaciones mentales

1. **Lee las palabras siguientes por un minuto, tratando de memorizarlas. Cúbrelas y escribe abajo las que recuerdes.**

salero	vaso	libro	lechuga	tren
medicina	cama	botella	tiempo	callejón

Número de palabras recordadas:

salero, vaso, libro, lechuga, tren.

medicina, cama, botella, tiempo, callejón.

> Esta técnica de memorización se utilizaba ya en la antigua Grecia. Es conocida como *método de los loci* (palabra que en latín significa "sitios") o *método del lugar*, debido a que se relacionan conceptos con lugares o sitios específicos, que pueden ser reales o inexistentes.

2. **Piensa por unos instantes en las cosas que hay en tu casa. Recorre mentalmente cada rincón de cada habitación.**

A continuación, lee los siguientes nombres de objetos y "colócalos" mentalmente en un lugar de tu casa: empieza por la entrada, continúa con la sala, etcétera.

patines	planta	naranjas	cama	mesa
medicinas	libros	termómetro	caramelo	estufa

3. **Cuando termines de "colocar" los objetos, tapa la lista y recorre mentalmente el lugar. Escribe todos los objetos de la lista que recordaste.**

Número de palabras que recordaste: _____

¿Qué diferencias hubo con el primer ejercicio? Explícalo.

_____

75

¿Es jengibre?

1. **Lee con atención los siguientes textos que encontró Juanito acerca del albinismo.**

Texto 1

El albinismo es una condición natural genética en la que hay una ausencia congénita de pigmentación de ojos, piel y pelo en los animales. También aparece en los vegetales, donde faltan otros compuestos como los carotenos. Es hereditaria; aparece con la combinación de los dos padres portadores del gen recesivo.

http://es.wikipedia.org/wiki/Albinismo
(fecha de la consulta: 31 de diciembre, 2007.)

Texto 2

La maestra Georgina, de sexto año, dijo: "Por genética el albinismo se hereda, es decir, los rasgos y las características de los padres se transmiten a los hijos a través de los genes".

Texto 3

La genética es el campo de las ciencias biológicas que trata de comprender cómo los genes son transmitidos de una generación a la siguiente, y cómo se efectúa el desarrollo de las características que controlan esos genes.

Winchester, M. A. Genética. CECSA. México, 1978.

Texto 4

El doctor Domínguez, gemelo de su tío político Genaro, le dijo: "El albinismo es la falta de una sustancia que da color a la piel, el cabello y los ojos. Existen dos tipos de albinismo:

a) El albinismo completo, en el que las personas presentan la piel y el cabello de color blanco y los ojos de un color rosado. Además sufren trastornos visuales como la fotofobia o el estrabismo.

b) El albinismo ocular, el cual afecta sólo a los ojos, teniendo la piel y los cabellos pigmentación normal. En esta variedad del albinismo el color del iris puede variar de azul a verde y en ocasiones ser de color café. Es muy importante que sepas que si las personas albinas se exponen al sol no se broncearán y sí pueden sufrir severas quemaduras".

2. En los textos anteriores subraya las palabras que inicien con *g*. Escríbelas en las siguientes columnas y responde las preguntas:

a)

Texto 1	Texto 2	Texto 3	Texto 4

b) ¿Cuál es la letra que se repite en los tres inicios de palabra? _____.

De acuerdo con lo que has observado, ¿cuál es la regla ortográfica para el uso de g que puedes deducir de las palabras que colocaste en la tabla? Complétala.

Se escriben con g las palabras que inician con _____, _____ y _____.

3. Completa los espacios con las palabras del recuadro.

gemelas   genes   genoma   genómica   genoma
Géminis   Geografía   gen   Geometría

a) Un _____ es la unidad más pequeña donde se guarda la información que los padres van a heredar a los hijos.

b) Los _____ se encuentran en los cromosomas.

c) Al conjunto de cromosomas de una especie se le denomina _____.

d) El Instituto Nacional de Medicina _____ concluyó el mapa del _____ humano de los mexicanos.

e) Luisa y Gina son _____ y su signo zodiacal es _____.

f) La _____ y la _____ me encantan. Están entre mis clases favoritas.

4. Encuentra en el diccionario cinco palabras con *g* y escribe una oración con cada una.

_____
_____
_____
_____
_____
_____
_____
_____

77

López, el hijo de Lope

Martita se enteró que su apellido Ramírez viene del nombre Ramiro. Así que ni tarda ni perezosa buscó también los nombres de donde vienen los apellidos de sus mejores amigos.

1. **Relaciona los nombres de sus amigos con los apellidos que más se le parecen.**

Fíjate en el ejemplo

Domingo	Estévez
Rodrigo	González
Juan	Juárez
Esteban	Domínguez
Gonzalo	Rodríguez

Los apellidos que se derivan del nombre del padre se llaman **patronímicos**.

De acuerdo con el siguiente mapa responde

- García
- Martínez
- Rodríguez
- Fernández
- Sánchez
- López
- Martín
- Pérez
- González
- Mohamed

2. **¿Cuál es el apellido más común en España según este mapa?**

_____

3. **Enlista los apellidos terminados en z que se encuentran en el mapa. Escríbelos en la siguiente tabla y busca el nombre del que se originan.**

Patronímico	Nombre de origen

Ayer desayuné en el trayecto...

1. **Ayuda a Lore a descubrir las palabras escondidas. Sólo tienes tres pistas, si las colocas en el lugar indicado las encontrarás.**

   Observa y descubre qué parte le hace falta a cada palabra para completarla

YEC	YER	AYU

   a) in_____tor

   b) tra_____to

   c) _____no

   d) pro_____to

   e) reclu_____on

   f) _____no

   g) hu_____on

   h) tra_____toria

   i) in_____ción

   j) _____da

   k) ca_____on

   l) _____ntamiento

2. **Observa y relaciona, según corresponda, cada una de las imágenes con las oraciones. Descubre la palabra faltante y escríbela para completar el enunciado.**

   II

   a) El _____ de mi madre es mi esposo.

   I
   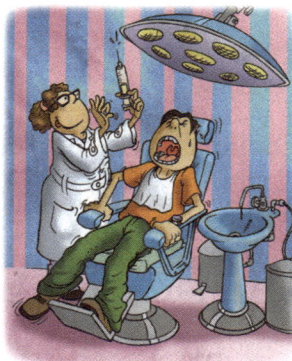

   b) Los _____ del motor de mi auto están sucios.

   III

   c) Mi tía Gloria va a _____ a su paciente.

   IV

   d) A los delincuentes los _____ en prisión.

   V
   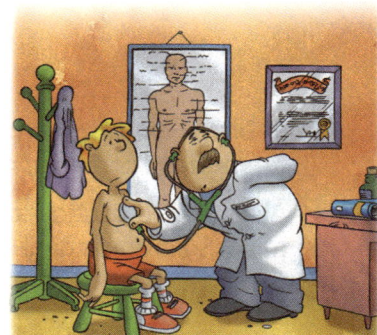

   e) La misión de los médicos es _____.

Las sílabas **yec, yer, ayu**, se escriben con **y**.

Ver una alborada en Albania

1. **Te invitamos una sopa… pero de letras. Para resolverla debes buscar en el texto anterior todas las palabras que inicien con *alb-*. Cuando las encuentres, escríbelas en las líneas.**

A	F	R	A	N	C	O	N	I	B	L	A
L	L	M	E	C	P	E	R	R	O	Y	C
B	I	B	E	I	J	G	E	B	J	E	R
A	M	A	E	O	W	X	R	A	S	S	E
A	L	B	O	R	O	T	O	H	J	J	B
F	O	R	R	O	T	O	F	A	N	U	L
O	R	G	A	L	B	O	N	D	I	G	A
C	A	S	A	I	M	U	M	I	L	D	E
A	M	I	S	U	A	M	I	S	T	A	D
S	A	L	B	P	T	L	T	T	M	N	S
Y	O	L	A	R	J	U	E	G	O	S	V
S	A	I	C	I	R	B	L	A	S	I	E
S	O	P	A	D	E	K	C	W	R	Y	N

_____   _____
_____   _____
_____   _____
_____   _____

2. **Observa las palabras que encontraste en la sopa de letras y completa la regla ortográfica.**

   Todas las palabras que inician con _____ se escriben con _____.

3. **Escoge tres palabras de las siguientes y elabora una oración con cada una de ellas: albacea, albañil, albañilería, albergue, Albania, albino, alba, alborada, alborotar, albur.**

_____
_____
_____
_____
_____
_____

4. **Subraya los errores ortográficos del fragmento siguiente y escríbelo de manera correcta, con letra *cursiva*, en las líneas de abajo.**

   Alverto, alvorozado, comentó con sus compañeros: "¡Ya tenemos el permiso! Saldremos al alva para explorar las grutas".

_____